MONNOIES

EN

ARGENT,

QUI COMPOSENT UNE

DES DIFFERENTES PARTIES

DU CABINET

DE

S. M. L'EMPEREUR,

DEPUIS

LES PLUS GRANDES PIECES,

JUSQU'AU FLORIN INCLUSIVEMENT.

VIENNE,

CHEZ JEAN THOMAS TRATTNER,

IMPRIMEUR ET LIBRAIRE DE LA COUR.

MDCCLVI.

IDEE DU CABINET DE S. M. I.

Toutes les perfonnes qui jusques ici ont entrepris de faire graver, & de donner des explications des Monnoiës qu'elles poffedoient en propre, & de celles qu'on leur communiquoit d'ailleurs, fe font bornées aux Monnoiës de leur patrie, ou fi elles ont fait des collections générales, elles les ont fait fans ordre, fans arrangement, & fimplement à mefure qu'elles récueilloient les piéçes dont il eft fait mention dans leurs ouvrages, tel eft par exemple Köhler dont nous avons à ce fujet 22. Vol. in 4to.

Le Cabinet des Monnoiës de S. M. I. comprend tous les Royaumes, tous les Etats, toutes les Provinces, & toutes les Villes dont on a pù récupérer des monnoiës; & fi l'on fait attention à l'immenfité de cette Collection, on concevra fans peine, qu'elle eft beaucoup au deffus du pouvoir & des forces d'un particulier, à qui indépendamment de cela, les occafions d'exécuter un projet auffi vafte & auffi utile, feroient tres difficiles, pour ne pas dire impof-fibles.

Le Volume qui paroit aujourd'huy, ne contient qu'une partie du Cabinet de S. M. I. mais il donne une idée claire de toutes les autres. Le meme ordre eft obfervé par tout, foit dans la Claffe des Médaillons & Médailles en Or & en Argent, foit dans la Claffe des Monnoiës en Or, foit enfin dans la Claffe des Gros, ou piéçes en argent au desfous du florin.

Les Souverains Pontifes font à la tête des Eccléfiafti-ques, qui occupent la premiere place: Les Archevêchés,

les

les Evêchés, les Abbayes &c. font rangés par ordre Alphabetique, ordre qu'on a également obfervé par raport aux Empires, aux Royaumes, aux Principautés &c.

On a placè les Archiducs d'Autriche & la Maifon de Lorraine à la tête des Maifons Souveraines de l'Empire d'Allemagne, à la fuite desquelles font rangés les Princes inférieurs, les Comtes & les Barons de l'Empire, qui font fuivis des Princes voifins de l'Allemagne & de la France.

Les Souverains Majeurs ou Principaux de l'Italie précédent les Princes inférieurs du meme païs, qui font Feudataires de l'Empire ou du St. Siége; & l'on a rangé aprés ces derniers les Provinces & les Villes, auxquelles on a joint quelques piéçes fous le titre de Vagues & Diverfes.

Ou a d'ailleurs obfervé l'ordre chronologique dans l'arrangement de toutes les Claffes, & des piéçes qui les compofent, & l'on ne s'en eft écarté qu' à l'egard de la Maifon de Brunfwich, ou on a placé les grandes piéçes de Monnoïes à la tête des Monnoïes ordinaires.

Les Etiquettes qui précédent les Monnoïes des differents Souverains qui les ont fait frapper, ne contiennent gueres que leur Nom, leur Naiffance, & leur Mort; on n'a point cru devoir entrer dans un détail plus circonftancié, foit parceque les Gravures qui font tres fidelles, y suppléeront, foit parcequ'on n'auroit fait que repeter, & copier pour ainfi dire les Auteurs qui ont traité ces Matieres, outre que ce volume n'a été imprimé uniquement que pour fervir de Catalogue à S. M. I. & luy faire découvrir d'un coup d'œil ceque fon Cabinet contient; afinque par là elle puiffe plus aifément fe procurer les piéçes qui peuvent luy manquer. C'eft par cette meme raifon encore, & pour ne pas groffir inutilement l'ouvrage, que l'on n'a point fait graver une tres grande quantité de piéçes, qui ne differant des autres que par l'année ou on les a frappées, ne peuvent par confequent contenir rien d'Inftructif.

SOU-

SOUVERAINS
PONTIFES.

CLEMENT VII. *Medicis Florentin, fils de Julien Medicis. Elu* 1527.
† 1534. *Il couronna l'Emp. Charles V. à Bologne* 1530. *Depuis ce tems aucun Empereur n'a eté Couronné par les Papes. Sous ce pontife l'angleterre se separa de l'eglise Romaine.*

PAUL III. *Romain, auparavant nommé Alexandre Farnese. Elu* 1534. † 1550. *Il confirma la societé des Jesuites, & commença le concile de Trente en* 1545.

SIXTE V. *Perétti de la Marche d'Ancone. Elu* 1585. † 1590.

CLEMENT VIII. *Aldobrandin Florentin. Elu 1592. † 1605.*

GREGOIRE XV. *Ludovici Boulonois. Elu 1621. † 1623.*

URBAIN VIII. *Barberini Florentin. Elu 1623. † 1644.*

INNOCENT X. *Pamphile Romain. Elu en 1644.* † *1655.*

SEDE VACANTE *de 1655.*

ALEXANDRE VII. *Chigi Siennois. Elu 1655. auparavant Legat Apoſt.
à la paix de Munſter.* † *1667.*

SEDE VACANTE *de 1667.*

CLE-

CLEMENT IX. *Jules Rospigliofi de Piftoye.* *Elu 1667. † 1669.*

SEDE VACANTE *de 1669.*

CLEMENT X. *Altieri Romain.* *Elu 1670. † 1676.*

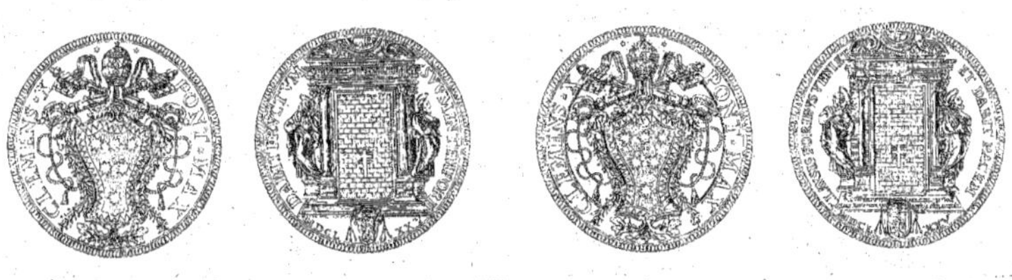

SEDE VACANTE *de 1676.*

INNOCENT XI. *Benoit Odescalchi natif de Come.* *Elu 1676.* † *1689.*

SEDE VACANTE *de 1689.*

ALEXANDRE VIII. *Ottoboni, Eveque de Brixen, né à Venise 1620. Elu 1689. † 1691.*

INNOCENT XII. *Pignatelli Napolitain.* *Elu 1691. † 1700.*

SEDE VACANTE *de 1700.*

CLEMENT XI. *Albani natif d'Urbin.   Elu 1700. † 1721.*

INNOCENT XIII. *Michel Ange Conti, Romain né 1655.* *Elu 1721.*
† 1724.

SEDE VACANTE *de 1724.*

CLEMENT XII. *Corsini Florentin, né 1652. Elu 1730. † 1740.*

SEDE VACANTE *de 1740.*

BENNOIT XIV. *Lambertini Boulonnois, Elu 1740.*

ELE-

ELECTEURS ECCLESIASTIQUES.

ELECTEURS DE MAYENCE.

DANIEL *Brendel de Homburg. Elu 1555. Couronna les Empereurs Maximilien II. & Rodolphe II.* † *1582.*

WOLFGANG *de Dalberg. Archev. 1582.* † *1601.*

JEAN ADAM *de Bicken Archev. 1601.* † *1604.*

JEAN SVICAR *de Cronenburg Archev. 1604. † 1626.*

GEORGE FRIDERIC *de Greiffenklau de Wolrath. Archev. 1626.
† 1629.*

ANSELME CASIMIR *Vambold de Umstadt. Elu 1626. † 1647.*

JEAN PHILIPPE *de Schönborn fils de George, & de Marie Barbe de
Leyen, né 1605. Eveque de Wurtzburg 1642. Archev. de Mayence 1647.
† 1673.*

DAMI-

DAMIEN HARTARD *Baron de Leyen, Archev. 1675. † 1678.*

ANSELME FRANCOIS *Baron d'Ingelheim, Archev. 1679. † 1695.*

LOTHAIRE FRANCOIS *de Schönborn, fils de Philippe Ervvin Baron de Schönborn, & de Marie Urfule de Greiffenklau, né 1655. Ev. de Bamberg 1693. Archev. de Mayence 1695. † 1729.*

SEDE VACANTE *de 1743.*

ELECTEURS DE TREVES.

JAQUES *d'Eltz.* *Elu 1567. † 1581.*

JEAN *de Schonenburg.* *Elu 1581. † 1599.*

LOTHAIRE *de Metternich.* *Elu 1599. † 1623.*

PHILIPPE CHRISTOPHE *de Sotern Eveque de Spire.* *Elu 1623. †*
1652.

JEAN

JEAN HUGUES *Comte d'Orsbeck, elu coadjuteur l'an 1672.* † *1711.*

CHARLES *fils de Charles IV dit V Duc de Lorraine, & d'Elenore d'Autriche sœur de l'Emp. Leopold, né à Vienne 1680. Electeur de Treves 1711.* † *à Vienne 1715.*

ELECTEURS DE COLOGNE.

JEAN GEBHART *Comte de Mansfeld, elu 1558. † 1562.*

SALENTIN *Comte d'Ifenbourg, elu 1568. abdiqua 1577. pour epoufer Antoinette d'Aremberg.*

GEBHART *Truchfes Baron de Waldpurg, elu 1577. fe fit Lutherien 1581. & ayant epoufé publiquement Agnés de Mansfeld en 1583, le Pape Gregoire XIII. & l'Emp. Rodolphe II. le priverent de fes dignités. Il Mourut miferable en Hollande en 1601.*

FERDINAND *de Baviere, fils du Guillaume V. & de Renée de Lorraine, frere puiné de Maximilien Electeur de Baviere, elu 1612. † 1650.*

MAXIMILIEN *Henri de Baviere, elu Coadjuteur de Ferdinand son Oncle 1643. Electeur 1650. † 1688.*

SEDE VACANTE *de l'année 1688.*

JOSEPH CLEMENT *de Baviere, elu 1688. eut pour Competiteur le Card. Guillaume Egon de Furstenberg † 1723.*

ARCHE-

ARCHEVEQUES

PAR ORDRE ALPHABETIQUE.

ARCHEVEQUES DE BREMEN.

CHRISTOPHE *fils ainé de Henri le vieux Duc de Brunſvich, & de Cathari-ne de Pomeranie, né 1487. elu 1511. † 1558.*

GEORGE *Duc de Brunſvich, 5 frere de Chriſtophe cy deſſus. Archev. de Bre-men 1558. enſuite Eveque de Minden & de Verden † 1562.*

HENRI *fils de François I. Duc de Lavvenburg, & de Sybille fille de Henri le Pieux Duc de Saxe. Archev. de Brem. 1567. Eveque d'Osnabruck 1574. & Adminiſtrateur de Paderborn 1577. † 1585.*

MAXI·

ARCHEVEQUES DE CAMBRAY.

MAXIMILIEN de Berghe Eveque de Cambray l'an *1559*. Archeveque de la meme ville *1562*. † *1570*.

LOUIS de Berlaimont.

ARCHEVEQUES DE MAGDEBOURG.

ALBERT Marquis de Brandenbourg, fils puiné de l'Electeur Jean I. auparavant Chanoine de Mayence & de Treves, Archeveque de Magdebourg l'an *1513*. Cardinal *1518*. † *1545*.

MONNOIE *de l'Archeveché de Magdebourg.*

ARCHEVEQUES DE SALSBOURG.

MATHIEU *Lang de Wellenbourg Cardinal en 1511. Archev. de Salsbourg 1519. † 1540.*

ERNEST *fils d'Albert Duc de Baviere, & de Cunegonde fille de l'Emp. Fred. III. Administrateur de Salsbourg, resigna l'an 1554. pour se retirer dans le Comté de Glatz qu'il avoit acheté, & ou il mourut 1560.*

G

MICHEL

MICHEL *Comte de Khuenbourg, elu 1554. † 1560.*

JEAN JAQUES *de Khuen Belasi, elu 1560. † 1586.*

GEORGE *Comte de Khuenbourg, elu 1586. † 1587.*

WOLF.

WOLFGANG THEODORIC *Thieri ou Dieteric Comte de Raittenau,*
elu 1587. mis en prison & forcé d'abdiquer 1612. † 1617.

MARC SITTIC *Comte d'Altaemps & de Hohenembs, Neveu de St. Char-*
les Borromée, elu 1612. † 1617.

PARIS *Comte de Lodron fonda l'Université, & rebatit la Cathedrale, elu 1619.*
† 1653.

GUIDOBALD *Comte de Thun, elu 1654. † 1668.*

MAXIMILIEN GANDOLPHE *Comte de Khuenbourg, elu l'an 1668. Cardinal 1686. † 1687.*

JEAN

JEAN ERNEST *Comte de Thun, elu 1687. † 1701.*

FRANCOIS ANTOINE *Comte d'Harrach, elu 1709. † 1727.*

LEOPOLD *Baron de Firmian, elu 1727. † 1745.*

SIGISMOND CHRISTOPHE *Comte de Schrattenbach, elu 1753.*

EVEQUES.

PAR ORDRE ALPHABETIQUE.

EVEQUES D' AICHSTETT.

JEAN CONRAD *de Gemmingen, elu 1595.* † *1612.*

JEAN CHRISTOPHE *de Werſterſtetten, elu 1612.* † *1637.*

JEAN EUCHAIRE *de Schenck, Baron de Caſtel, elu 1685.* † *1697.*

JEAN

JEAN ANTOINE II. *Baron de Freyberg, elu 1736.*

EVEQUES D' AUGSBOURG.

JEAN CHRISTOPHE *de Freyberg, elu 1665. † 1690.*

ALEXANDRE SIGISMOND *fils de Philippe Gilluaume Electeur Palatin, elu 1690. † 1737.*

JOSEPH *Landgrave de Heſſe Darmſtadt, elu 1740.*

EVEQUES DE **BAMBERG.**

JEAN GEORGE *de Fuchs de Dornheim, elu 1622. † 1633.*

MELCHIOR OTTO *de Voit de Saltbourg, elu 1642. fonda l'Univerſité de Bamberg 1648. † 1653.*

MARQUARD SEBASTIEN *Schenck de Stauffenberg, elu 1683. † 1693.*

SEDE VACANTE *de l'Eveché de Bamberg l'an 1693.*

LOTHAIRE FRANCOIS *Comte de Schönborn, elu 1693. † 1729.*

JEAN PHILIPPE ANTOINE *Baron de Franckenstein, né 1695. elu Eveque de Bamberg 1746. † 1753.*

EVEQUES DE BASLE.

JEAN CONRAD *Baron de Reinach, elu 1705. † 1737.*

EVEQUES DE BRESLAU.

JEAN *Thurzo natif de Cracovie, elu Eveque de Breslau 1506. † 1520.*

CHARLES FERDINAND *Prince de Pologne & de Suede, fils de Sigis-*
mond III. Roi de Pologne, elu 1624. 1644.

PHILIPPE LOUIS *fils de Philippe Louis Wenceslas Comte de Sintzen-*
dorf, & de Rose Catherine Isabelle de Waldstein, né 1699. Eveque de Bres-
lau l'an 1732. † 1745.

PHILIPPE GOTHARD *Comte de Schaffgotsch, né 1715. Eveque de Bres-*
lau 1745.

EVEQUES DE B R I X E N.

GASPAR IGNACE *Comte de Kunigl, elu l'an 1702.*

EVEQUES DE CHIEMSEE.

CHRISTOPHE *Schlate, elu 1558. † 1588.*

EVEQUES DE COIRE.

JOSEPH *Mohr, elu 1627. † 1635.*

UDALRIC *ou Ulric de Monte, elu 1661. † 1692.*

JOSEPH BENOIT *Baron de Rost, elu 1728. † 1755.*

EVEQUES DE CONSTANCE.

MARC SITTICUS *de Hohenembs, Neveu du Pape Pie IV, elu l'an 1561,*
refigna l'an 1589. † 1595.

EVEQUES DE FREISINGEN.

JEAN FRANCOIS *Ecker, elu 1695. † ----*

EVEQUES DE GURCK.

JEAN *de Schomburg Bavarois, elu 1551. † 1554.*

EVEQUES DE HALBERSTADT.

ALBERT *Marquis de Brandebourg, elu 1513. † 1545.*

MONNOIE *commune de l'Eveché de Halberstadt.*

EVEQUES DE **HILDESHEIM.**

SEDE VACANTE *de Hildesheim de l'an 1688.*

JOSSE EDMUND *de Grabeck, elu 1688. † 1702. agé de 80. ans.*

SEDE VACANTE *de Hildesheim de 1724.*

EVEQUES DE **LABACH.**

FERDINAND *Comte de Khuenbourg, Eveque de Labach l'an 1707. Archeveque de Prague 1713. † 1731.*

EVEQUES.
EVEQUES DE LIEGE.

GEORGE *d'Autriche, fils naturel de l'Empereur Maximilien I. & Oncle de Charles V, quitta l'Archeveché de Valence, & l'Eveché de Brixen, pour celui de Liege, l'an 1544. † 1557.*

GERARD *de Groesbeeck, elu 1563. Cardinal 1578. † 1580.*

MAXIMILIEN HENRI *de Baviere succeda l'an 1650. † 1688.*

SEDE VACANTE *de Liege l'an 1688.*

JEAN

JEAN LOUIS *Baron d'Elderen, Grand Doyen de S. Lambert & Prevot de Tongres, elu l'an 1688. † 1694.*

EVEQUES DE METZ.

CHARLES *de Lorraine, fils de Claude de Guise & d'Antoinette de Bourbon Vendome, né 1524. Cardinal 1547. succeda à son Oncle le Card. Jean dans l'Eveché de Metz 1550. il resigna 1551. † à Avignon 1574.*

EVEQUES DE MINDEN.

GEORGE *de Lunebourg, elu 1553, † 1566,*

EVEQUES DE MUNSTER.

FRANCOIS *de Waldeck, elu 1532. prit, & fit supplicier le fameux Jean de Leyden Roy fanatique des Anabaptistes en 1525, accusé de Lutheranisme & privé de ses Evechés de Minden & d'Osnabruck 1548. † à Munster 1553.*

JEAN *Comte de Hoye, Eveque de Paderborn & d'Osnabruck, elu Eveque de Munster 1566. † 1574.*

FERDINAND *de Baviere Electeur de Cologne, elu Eveque de Munster 1612. † 1650.*

SEDE VACANTE *de Munster de 1650.*

CHRISTOPHE BERNARD *de Gahlen Chanoine de Munster & puis Abbé de Corvey, elu Eveque de Munster 1659. † 1678.*

SEDE

SEDE **VACANTE** *de Munster 1688.*

FREDERIC CHRISTIAN *Baron de Plettenberg, elu 1688. † 1706.*

SEDE **VACANTE** *de Munster, en 1706.*

FRANÇOIS ARNOULD *Baron de Metternich & de Gracht, elu 1706. † 1718.*

L

SEDE

SEDE VACANTE *de Munster 1719.*

EVEQUES D' OLMUTZ.

FRANCOIS *Comte de Dietrichstein, Cardinal & Eveque d' Olmutz en 1598. Prince d' Emp. 1622. fonda la Collegiale de Niclaspurg & 8. Monasteres dans son Diocese. † 1636.*

CHARLES *Comte de Liechtenstein, elu 1664. † 1695.*

CHARLES *frere puiné de Leopold Duc de Lorraine, elu 1695. 1715.*

WOLFGANG HANNIBAL *Comte de Schrattenbach, elu 1711. Cardinal l'année fuivante, Viceroi de Naples en 1719. † 1738.*

JAQUES ERNEST *Comte de Liechtenftein, elu 1738.*

 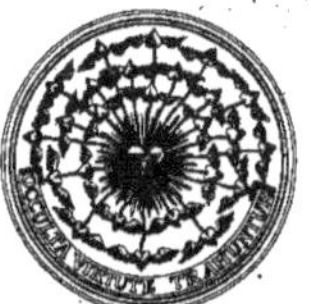  

EVEQUES D' OSNABRUCK.

FRANCOIS GUILLAUME *Fils de Ferdinand de Baviere Comte de War-temberg, & de Marie de Pettenbeck, né 1593. Eveque d' Osnabruck 1625. de Minden 1629. de Ferden 1630. de Ratisbonne 1649. Cardinal 1660. † 1661.*

CHARLES JOSEPH *de Lorraine, fils de Charles V. Duc de Lorraine, &*
d'Eleonore, Reine de Pologne, Sœur de l'Emp. Leopold, né 1680. Grand
Prieur de Caſtille 1693. Eveque d'Osnabruck 1698. † 1715.

EVEQUES DE PADERBORN.

THIERI ADOLPHE *Baron de Reck, Eveque de Paderborn, elu 1650. †*
1661.

FERDINAND *Baron de Furſtemberg en Weſtphalie, le Mecene de ſon Siecle,*
& un des plus grand Prelats de l'Egliſe, elu 1661. † 1683.

SEDE VACANTE *de l'Eveché de Paderborn 1683.*

HERMANN WERNER *Baron de Wolff Metternich & de Gracht,* elu
1683. † 1704.

EVEQUES DE PASSAU.

URBAIN *de Trenbach, elu 1561. † 1600.*

JEAN PHILIPPE *Comte de Lamberg, elu 1689. Card. l'an 1700. † 1712.*

RAYMOND FERDINAND *Comte de Rabatta, elu 1713. 1723.*

M

JOSEPH

JOSEPH DOMINIQUE *Comte de Lamberg elu 1723. Card. 1737.*

EVEQUES DE RATISBONNE.

PANCRACE *de Sinzenhoven, elu 1538. † 1547.*

ALBERT *Baron de Farring, Stain, & Pertenotairn, elu 1613. † 1649.*

FRANCOIS GUILLAUME *Comte de Wartenberg, elu 1649. † 1661.*

EVEQUES DE SPIRE.

PHILIPPE CHRISTOPHE *de Sotern, elu 1610, fit Achever les Forti-*
fications de Udenheim qu' on appella Philpsbourg, † *1652.*

EVEQUES DE STRASBOURG.

JEAN *Comte de Manderscheidt, elu 1568.* † *1592.*

LEOPOLD *Archiduc de Tirol, frere puiné de l'Emp. Ferdinand II. & fils de*
Charles Archiduc de Stirie, & de Marie fille d'Albert V. Duc de Baviere
né 1586. Eveque de Strasbourg en 1607, marié à Claude de Medicis
1626. † *1632.*

FRANCOIS EGON *de Furstemberg, fils du Comte Egon, & d'Anne Marie*
de Hohenzollern né 1626. Abbé & Prince de Stablo, Malmedi, de Mur-
bach, & de Luders, elu Eveque de Strasb. 1663. Emploia plus de 3. cent
mille ecus pour retirer le Baillage d'Oberkerk d'entre les mains des Luthe-
theriens, retablit le Culte de la Religion Catholique dans la Cathedrale de
Strasbourg. † *1682.*

EVEQUES DE SYON.

NICOLAS *Schiner, Domeſtique du Pape Alexandre VI. elu 1496. reſigna ſon Eveché à ſon Neveu 1500.*

MATHIEU *Schiner, Neveu de Nicolas cydeſſus, il luy ſucceda 1500, creé Cardinal par le Pape Jules II. 1511. † à Rome 1522.*

EVEQUES DE TRENTE.

BERNARD *de Glöſſ, Tirolien, elu 1514. Cardinal en 1530. † d'apoplexie à Brixen 1539. agé de 54, ans.*

EVEQUES DE VERDUN.

CHARLES *de Lorraine, fils de Henri Comte de Chaligny, & de Claude de Mouy, elu Eveque de Verdun 1617. reſigna pour ſe faire Jeſuite 1622. † en odeur de ſainteté à Toulouſe 1631.*

EVEQUES DE WORMS.

THIERI *de Pettendorf, elu 1554. † 1580.*

EVEQUES DE WURTZBOURG.

MELCHIOR *Zobell de Guttemberg, elu 1548. tué par ses sujets Lutheriens 1558.*

FREDERIC *de Wirsberg, elu 1558. † 1573.*

JULES ECHTER *de Mespelbrunn, elu 1573. fonda l'Université de Wurtz-bourg. † 1617.*

FRAN-

FRANCOIS *Comte de Hatzfeld, elu 1631.* † *1642.*

JEAN HARTMAN *de Rosenbach, elu 1673.* † *1675.*

PIERRE PHILIPPE *de Dernbach, elu 1675.* † *1683.*

JEAN GODEFROY *de Guttemberg, elu 1684.* † *1698.*

JEAN PHILIPPE *Baron de Greiffenklau de Volrath, elu 1699.* † *1719.*

CHRISTOPHE FRANCOIS *de Hutten, elu 1724. † 1729.*

CHARLES PHILIPPE *Baron de Greiffenklau de Volrath, né 1690. elu*
1749. † 1754.

ABBÉS et CHAPITRES.

CHAPITRE DE BERONE.

MONNOIE *du Chapitre de Berone dans le Canton de Lucerne.*

ABBÉS DE CORVEY.

ARNOLD *Waldois, elu 1638. † 1662.*

CHRISTOPHE *de Bellinckhaufen, elu 1678. † 1706.*

FLORENT *de Velden, elu 1706. † 1714.*

AB.

ABBÉS DE **FULD.**

JEAN *Comte de Henneberg, né 1503. † 1541.*

BERNARD GUSTAVE *fils de Frederic I. Marggrave de Bade Durlach, né 1631. Abbé de Fuld 1671. & de Kempten 1672. † 1677.*

PLACIDE *Comte de Droft, Abbé de Fuld.*

ADOLPHE *Baron de Dalberg, Abbé de Fuld, Prince du St. Empire, Archi-chancelier de l'Imperatrice, & Primat des Abbayes de Germanie & des Gaules.*

ARMAND

ARMAND *Brand, Baron de Busck, Abbé de Fuld elu 1737.*

ABBE'S DE S. GALL.

MONNOIE *de l'Abbaye de S. Gall.*

ABBE'S DE GARSTEN.

MONNOIE *Jubilaire de l'Abbaye de Closter Garsten prés de Steyr dans la Haute Autriche, frappée par les Directeurs, & la societé des Mines de fer l'an 1679.*

ABBE'S DE GORZE.

CHARLES *de Lorraine, legitimé sous le nom de Charles de Remenécour l'an 1605. fils naturel de Charles II. dit III. Duc de Lorraine, Abbé de Gorze 1607. resigna 1645. † environ l'an 1648.*

ABBES DE KEMPTEN.

MONNOIE *de l'Abbaye de Kempten.*

RUPERT *Baron de Bodman Kaldenthal, Abbé de Kempten en Souabe, Prince du S. Emp. & Archimareschal de l'Imperatrice.*

ENGELBERT *Baron Zirkenstain, Abbé de Kempten.*

ABBES DE MURBACH.
prés de LUXEUIL EN FRANCHE Comté.

JEAN RODOLPHE *Stöhr de Stohrenburg, elu 1542. † 1570.*

MONNOIE *de l'Abbaye de Murbach.*

ABBES DE STABLO.

CHRISTOPHE *Comte de Manderſcheid Daun,* *Abbé de Stablo & de Pruim* *l'an 1546. † 1576.*

  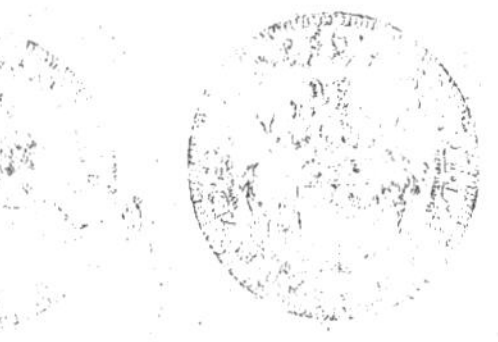

ABBESSES DE THOEREN ou THORN.

MARGUERITE *de Brederode, elue l'an 1531. † 1577.*

ABBES DE WERDEN.

BENOIT *Baron de Geiſsmar, elu 1728.*

ORDRES MILITAIRES.

GRANDS MAITRES PORTEGLAIVES OU DE LIVONIE.

MONNOIE *commune du Grand Maitre de Livonie, & de l'Archeveque de Riga.*

GRANDS MAITRES ET CHEVALIERS DE MALTHE.

ANTOINE *Manoel de Vilhhena, Portugais, elu 1722. † 1741.*

GRANDS MAITRES TEUTONIQUES.

WALTER *de Cronberg, Grand Maitre depuis l'an 1527. jusqu'en 1543.*

MAXIMILIEN *fils de l'Empereur Maximilien II. & frere des Empereurs Rodolphe II. & Mathias, né 1558. Grand Maitre de l'ordre Teutonique † 1620.*

JEAN EUSTACHE *de Weſternach, né 1545. elu Grand Maitre Teutonique 1625. † 1627.*

JEAN GASPARD *de Stadion, né 1567. elu Gr. M. de l'ordre Teutonique 1627. † 1641.*

JEAN GASPARD *d'Ampringe, elu Gr. M. 1664. † 1685.*

FRANCOIS LOUIS *de Neubourg, fils de Philippe Guillaume Electeur Palatin, & d'Anne Catherine de Pologne, elu Gr. Maitre 1694. † 1732.*

CLEMENT AUGUSTE *4ᵉ. fils de Maximilien Emanuel Electeur de Baviere, elu Gr. M. de l'ordre Teutonique 1732.*

EMPEREURS D'ALLEMAGNE.

MAXIMILIEN I. *fils de l'Empereur Frederic III. né 1459. Emp. 1493.* †
1519.

CHARLES V. *fils de Philippe I. & de Jeanne Heritiere des Etats de Castille & d'Aragon né 1500. Roi d'Espagne 1516. Emp. 1519. Abdiqua le 2. Juin 1556. † 1558.*

FERDINAND I. *frere de l'Emp. Charles V. né 1503. Roi de Hongrie & de Boheme 1527. Emp. 1558. † 1564.*

MAXIMILIEN II. *fils de Ferdinand I. & d'Anne sœur de Louis II. Roi d'Hongrie né l'an 1527. Roi de Boheme en 1562. Roi des Romains la même année, Roi de Hongrie l'an 1563, Emp. 1564. † 1576.*

RODOLPHE II, *fils de Maximilien II. né l'an 1552. Roi de Hongrie 1572. de Boheme 1575. Emp. 1576. † 1612.*

MATHIAS *frere de l'Empereur Rodolphe II. né 1557. Roi de Hongrie 1608. de Boheme en 1611. Emp. 1612. † 1619.*

FERDINAND II. *fils de Charles Archiduc de Stirie, & de Marie fille d'Albert V. Duc de Baviere, né 1578. Roi de Boheme 1617. de Hongrie 1618. Emp. 1619. † 1637.*

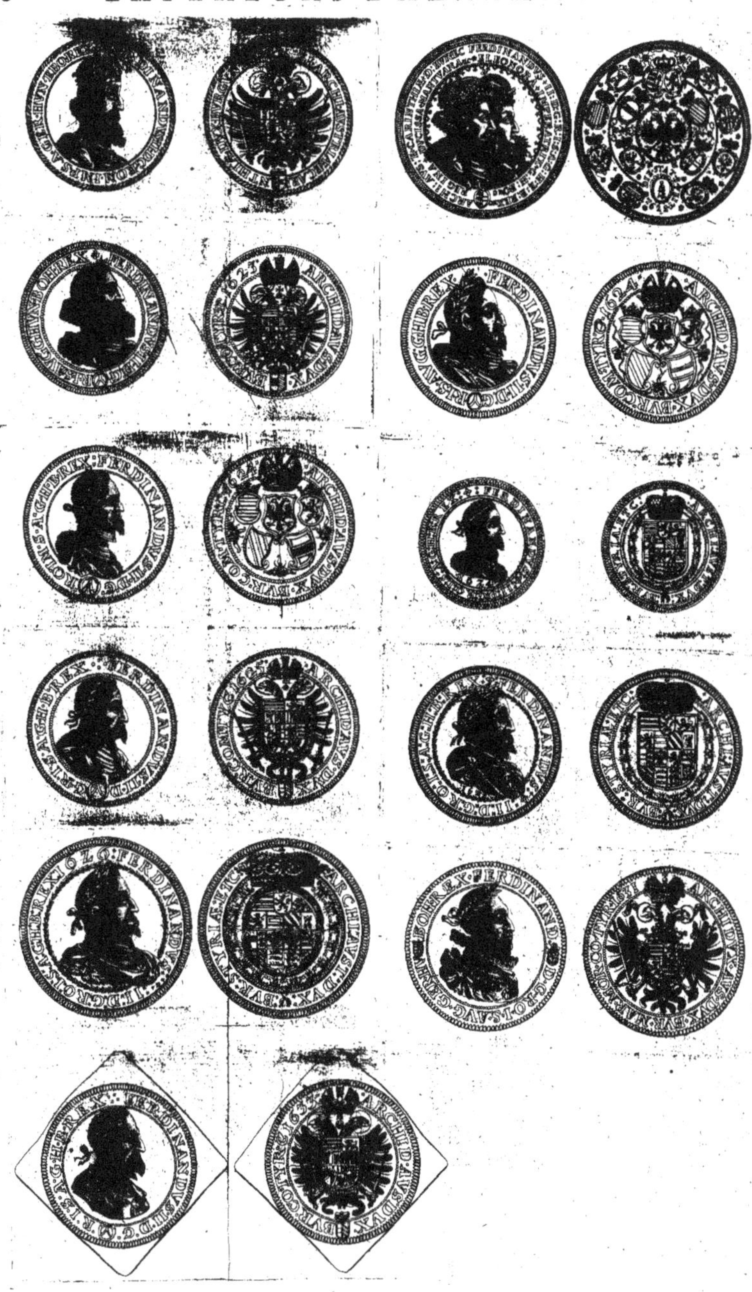

FERDINAND III. *fils de Ferdinand II. & de Marie Anne de Baviere, né 1608. Roi de Hongrie 1625. de Boheme en 1627. Emp. 1736. † 1657.*

FERDINAND IV. *fils de l'Empereur Ferdinand III. & de Marie Anne fille de Philippe III. Roi d'Espagne, né 1633. Roi de Boheme 1646. de Hongrie 1647. Roi des Romains 1653.* †

LEOPOLD *fils de l'Emp Ferdinand III. & de Marie Anne fille de Philippe III. Roi d'Espagne, né 1640. Roi de Hongrie 1655. de Boheme 1656. Emp. 1658.* †

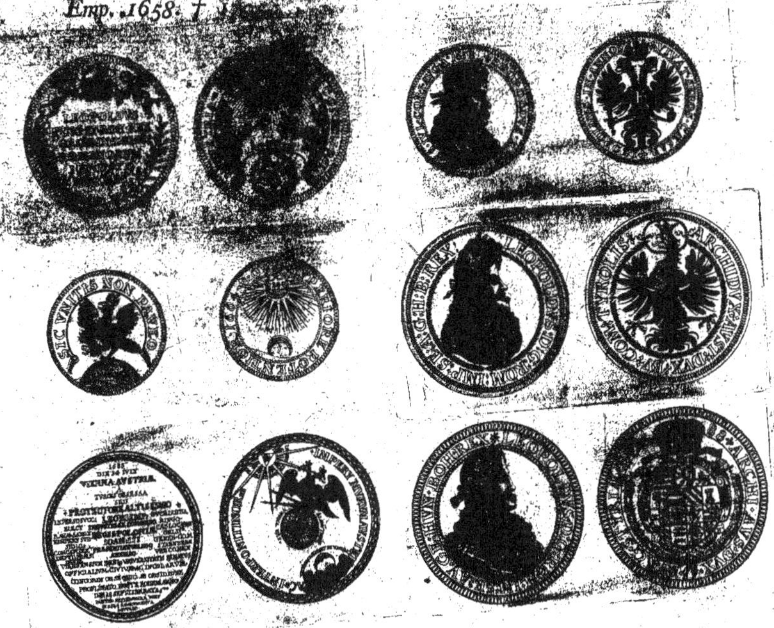

JOSEPH *fils de l'Emp. Leopold & de sa troisieme femme Eleonore Magdelaine de Neubourg, né l'an 1678. Roi de Hongrie 1687. Roi des Romains 1690. Emp. 1705.* † *1711.*

CHARLES VI. *frere de l'Emp. Joseph, né 1685. Roi d'Espagne 1703. Emp. 1711. Couronné Roi d'Hongrie 1712. Roi de Boheme 1723.* † *1740.*

CHARLES VII. *fils de Maximilien Marie Emanuel de Baviere, & de Therefe Cunegonde Sobieski, né 1697. proclamé Emp. par la France & fes partifans, & couronné comme tel 1742. † 1745.*

FRANCOIS I. *né 1708. Duc de Lorraine le 27. Mars 1729. Epoufa Marie Therefe fille & heritiere de Charles VI. l'an 1736. Grand Duc de Tofcane 1737. Emp. des Romains & Couronné à Francfort 1745.*

MARIE THERESE *fille & heritiere de l'Emp. Charles VI. née 1717. Imperatrice des Romains 1745.*

EMPEREURS ET IMPERATRICES DE RUSSIE.

PIERRE LE GRAND, *troisieme fils d'Alexis Michaelovitz, né l'an 1672.
Czar de Russie avec Iwan son frere depuis 1682, Jusqu'en 1686. Empereur 1721. † 1725.*

CATHERINE OSSUDARA *née l'an 1689. Le Czar Pierre le Grand l'epousa l'an 1707. declara son Mariage apres l'affaire de Pruth en 1711. la fit Couronner Imperatrice de toutes les Russies 1724. elle luy succeda 1725. † 1727.*

PIERRE ALEXIOWITZ II. *Empereur & Autocrateur de touttes les Ruſſies, fils de l'infortuné Alexis Petrowitz, & de Chriſtine Sophie de Br. Wolffen-bütel, né 1715. proclamé Emp. à Moſcou 1728. † 1730.*

ANNE IWANOWNA *fille puinée du Czar Jean Alexiowitz frere ainé de Pierre le Grand, née 1693. mariée à Frederic Guillaume Duc de Curlande en 1710. Veuve 1711. proclamée Imperatrice de Ruſſie 1730. † 1740.*

IWAN ou **JEAN III.** *fils d'Antoine Ulrich Duc de Brunſv. Wolffenbutel, &*
d'Eliſabeth Catherine Chriſtine, (laquelle en 1733. prit le nom d'Anne en em-
braſſant la Religion Ruſſienne,) fille de Charles Leopold Duc de Mecklenbourg
Schwerin, & de Catherine Sœur ainée de l'Imperatrice Anne Iwanowna, l'une
& l'autre filles du Czar Iwan Alexiowitz, le ſecond des 2 freres ainés
de Pierre le grand. Iwan Naquit 1740, fut proclamé la méme année Emp.
de Ruſſie ſous la tutelle de ſa mere, & par la plus ſubite de toüttes le révo-
lutions il fut déthroné la nuit du 5. au 6. Decembre de l'année 1741.

ELISABETH PETROWNA *fille puinée de Pierre le grand, & de l'Impera-*
trice Catherine, née l'an 1710. proclamée Autocratrice de touttes les Ruſſies le 6.
Decembre 1741. & couronnée à Moſcou 1742.

ROIS,

SELON L'ORDRE ALPHABETIQUE DES ROYAUMES.

ANGLETERRE.

EDOUARD VI. *fils de Henri VIII. & de Jeanne Seymour, né 1537. Roi 1547. † 1553.*

ELISABETH *fille de Henri VIII. & d'Anne de Boulein, née 1533. Reine 1558. † 1603.*

JAQUES I. *Roi de la Grande Bretagne fils de Henri Stuart Darnley & de l'infortunée Reine Marie Stuart, fille & heritiere de Jaques V. Roi d'Ecoße, née 1566. Roi d'Ecoße 1567. Roy d'Angleterre 1603. † 1625.*

CHARLES I. *fils de Jaques I. Roi d'Ecosse & d'Angleterre, & d'Anne Fille de Frederic II. Roi de Dannemarck, né 1600. Roi 1625. décapité le 30. Janv. 1649.*

MONNOIE *des Communes d'Angleterre frappée pendant les troubles de l'in-terregne, l'an 1653.*

OLIVIER CROMWEL *fils de Robert Cromwell, déclaré Protecteur de l'An-gleterre l'an 1653. † 1658.*

CHARLES II. *fils de l'infortuné Charles I. & de Henriette Marie fille de Henri IV. Roi de France, né 1630. Roi 1661. † 1685.*

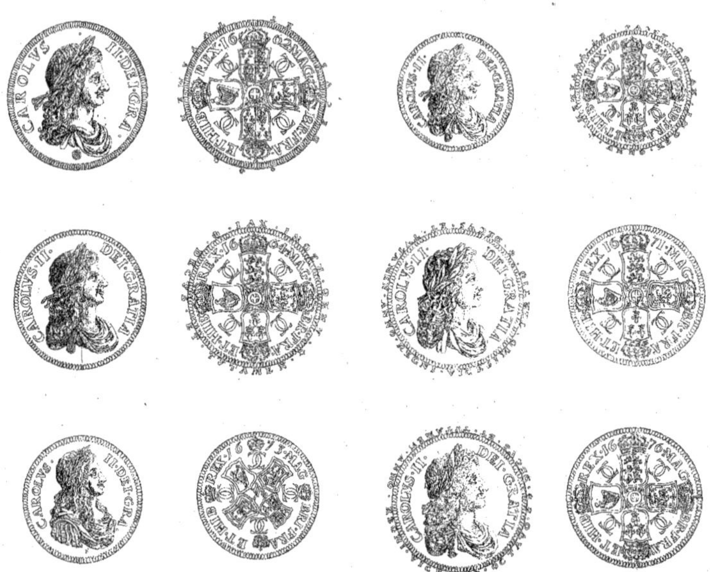

JAQUES II. *fils de Charles I. & de Henriette Marie fille de Henri IV. Roi de France, né 1633. Roi 1685. detroné 1689. † 1701.*

GUILLAUME III. *Prince d'Orange fils de Marie Sœur de Jaques II. Roi d'Angleterre, né 1650. Epousa Marie fille de Jaques II. & Niece du Roi Charles II. 1677. proclamé Roi d'Angleterre 1689. † 1702.*

ANNE *fille de Jaques II. & de Anne Hyde sœur puinée de Marie femme de Guillau-me III. née 1664. Reine 1702. † 1714.*

GEORGE LOUIS *fils d'Ernest Auguste, Electeur de Hanovre, & de Sophie fille de Freder. V. Electeur Palatin, né 1660. proclamé Roi d'Angleterre 1714. † 1727.*

GEORGE II. *fils de George I. & de Sophie Dorothée de Brunſvvich-Zell, né 1683. Prince de Galles 1714. & couronné Roi de la grande Bretagne 1727.*

ROIS DE **BOHEME.**

LADISLAS I. *Posthume, fils d'Elisabeth de Luxembourg, heritiere des Ro-*
yaumes de Boheme & de Hongrie & d'Albert II. né 1440. Roi 1453. † 1457.

WLADISLAS I. *fils d'Elisabeth & de Casimir III. Roi de Pologne, & petit fils*
de l'Empereur Sigismond & de Marie Reine de Hongrie & de Boheme, né 1456.
Roi de Boheme 1471. † 1516.

FERDINAND I. *frere puiné de l'Emp. Charles V. né 1503. Roi de Boheme*
1527. † 1564.

MAXIMILIEN II. *fils de l'Emp. Ferdinand I. né 1527. Roi de Boheme 1562.*
† 1576.

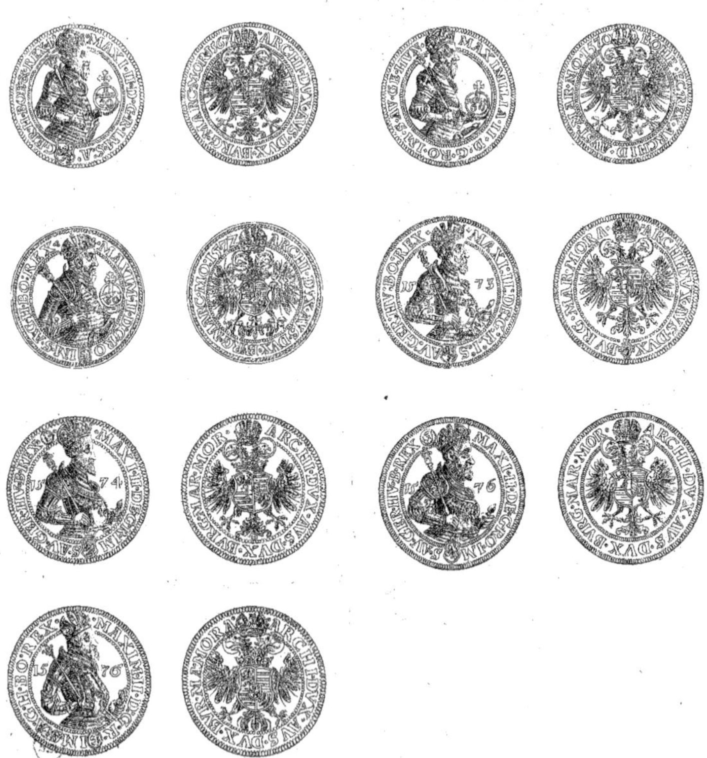

RODOLPHE II. *fils ainé de l'Emp. Maximilien II. né 1552. Roi de Boheme 1575. † 1612.*

MATHIAS II. *frere puiné de l'Emp. Rodolphe II. né 1557. Roi de Boheme 1611.*
† *1619.*

FREDERIC *fils de Frederic IV. Electeur Palatin & de Louise Julienne d'Orange, né 1596. proclamé Roi de Boheme, par les Rebelles 1619. detroné par la Bataille de Weissenberg 1620. † 1632.*

FERDINAND II. *fils de Charles Archiduc de Styrie, & de Marie fille d'Albert V. Duc de Baviére, né 1578. Roi de Boheme 1617. † 1637.*

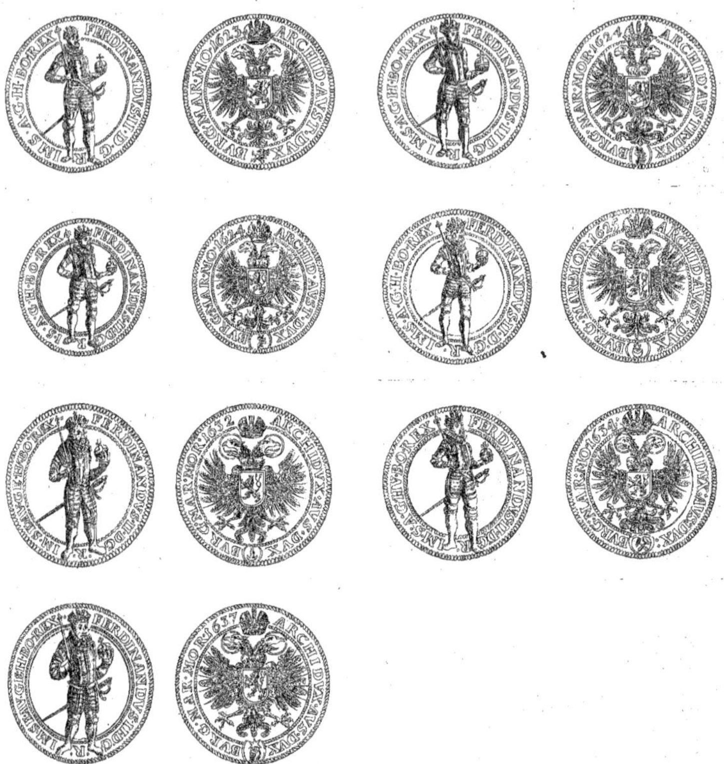

FERDINAND III. *fils de Ferdinand II. & de Marie Anne de Baviere, né 1608. Roi de Boheme 1627. † 1657.*

FERDINAND IV. *fils ainé de Ferdinand III. & de Marie Anne d'Espagne,
né 1633. Roi de Boheme 1646. † 1647.*

LEOPOLD *frere puiné de Ferdinand IV. né 1640. Roi 1656. † 1705.*

JOSEPH *fils de l'Emp. Leopold & d'Eleonore Magdelaine Palatine, né 1678. †*
1711.

CHARLES VI. *frere puiné de l'Emp. Joseph, né 1685. † 1740.*

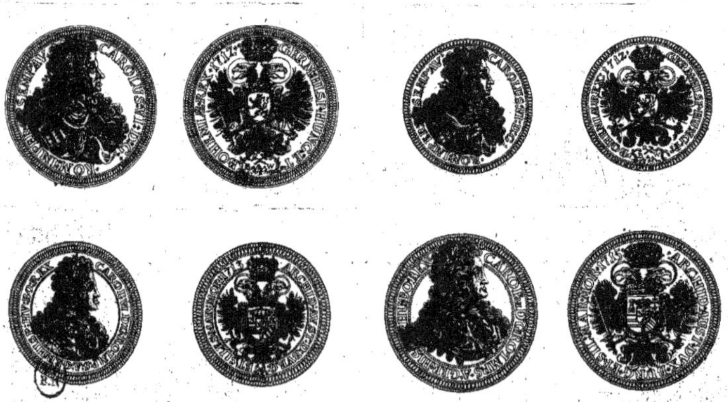

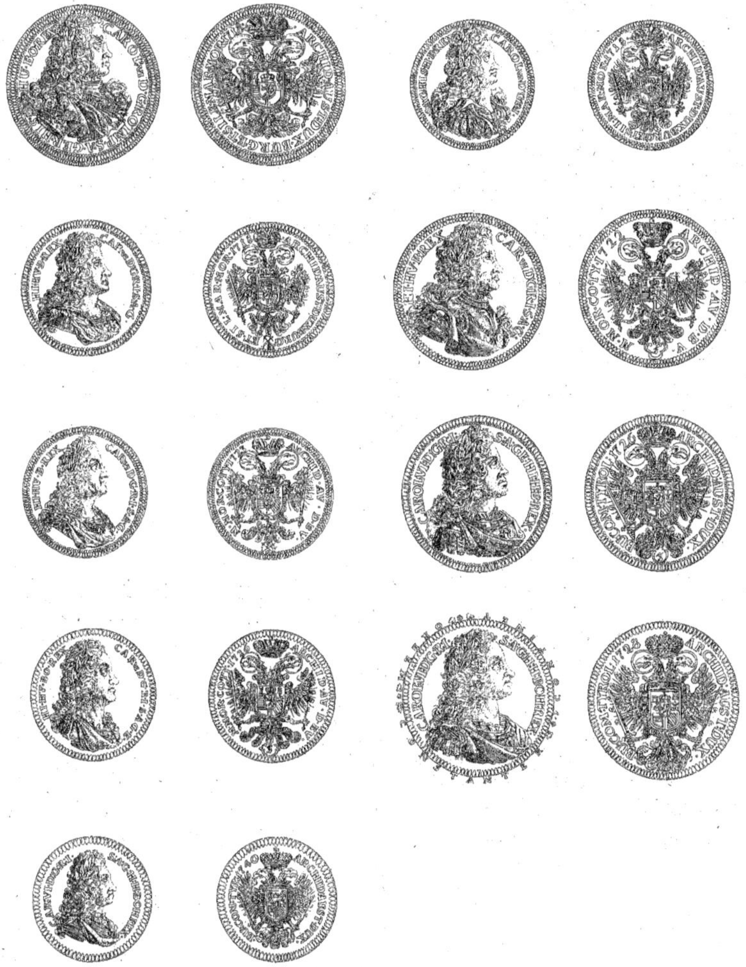

MARIE THERESE *fille & Heritiere de l'Empereur Charles VI. née 1717.*
Couronnée Reine de Boheme 1743.

ROIS DE **DANNEMARCK.**

JEAN *fils ainé de Chriſtian I. & de Dorothée de Brandeb, né 1454. Roi de Danne-marck & de Norvege 1481. & de Suede 1483. † 1513.*

FREDERIC I. *frere puiné du Roi Jean cy deſſus, né 1471. Roi de Dannemarck & de Norvege 1523. † 1533.*

FREDERIC II. *fils de Chriſtian III. & de Dorothée de Saxe Lawenburg, né 1534. Roi l'an 1559. † 1588.*

CHRISTIAN IV. *fils de Frederic II. & de Sophie de Mecklenbourg, né 1577. Roi 1588. † 1648.*

FREDERIC III. *fils de Christian IV. né 1609. Roi 1648. † 1670.*

CHRISTIAN V. *fils de Frederic III. né 1646. Roi 1670.† 1699.*

FRE-

FREDERIC IV. *fils de Chriſtian V. né 1671. Roi 1699. † 1730.*

CHRISTIAN VI. *fils de Frederic IV. & d'Anne Sophie Comteſſe de Reventlau, né 1699. Roi 1730. † 1746.*

FREDERIC V. *fils de Chriſtian VI. & de Sophie Magdelaine de Brandeb. Culmbach, né 1723. Roi 1746.*

ROIS D'ECOSSE.

MARIE STUART *fille de Jaques V. Roi d'Ecoffe, & de Marie fille de Claude de Lorraine Duc de Guife, née l'an 1542. Reine la même année, mariée à François II. Roi de France 1559. emprifonnée 1569. decapitée par ordre de la Reine Elifabeth le 18. Fév. 1587. agée de 45 ans, & fon fecond mari Henri Stuart Darnlei, fils de Matthieu Stuart Comte de Lenox, marié à la Reine Marie cy deffus 1564. affaffiné 1567.*

JAQUES VI. *fils de l'infortunée Marie Stuart, Reine d'Ecoffe & de Henri Stuart Darnlei, né 1566. Roi d'Ecoffe 1567. Roi de la Grande Bretagne 1603. † 1625.*

ROIS

ROIS D' ESPAGNE.

CHARLES I. *connu depuis sous le nom de Charles V. Empereur, né 1500. Roi d' Espagne 1516. † 1558.*

PHILIPPE II. *fils de Charles I. Roi d' Espagne, & d' Isabelle de Portugal, né 1527. Roi 1556. † 1598.*

PHILIPPE III. *fils de Philippe II. & de fa 4me femme Anne fille de l'Emp.*
Maximilien II. né 1578. Roi 1598. † 1621.

PHILIPPE IV. *fils de Philippe III. & de Marguerite Archiducheffe de Ca-*
rinthie, né 1605. Roi d'Efpagne 1621. † 1665.

CHARLES II. *fils de Philippe IV. né l'an 1661. Roi l'an 1665. † 1700*
& fa mere & Tutrice Marie Anne fille de l'Emp. Ferdinand III. née l'an
1634. mariée l'an 1649. Veuve l'an 1665. † 1696.

CHARLES III. *fils de l'Emp. Leopold & d'Eléonore Magdelaine de Neu-bourg, né 1685. Roi d'Espagne 1703. † 1740.*

PHILIPPE V. *Duc d'Anjou, fils de Louis Dauphin de France & de Marie Anne de Baviere, né 1683. † 1746.*

FERDINAND VI. *fils de Philippe V. & de Marie Louise Gabrielle fille de Victor Amedée Duc de Savoye, né 1713. marié à Marie Barbe fille de Jean V. Roi de Portugal 1719. Roi d'Espagne 1746.*

ROIS DE FRANCE.

CHARLES VIII. *fils de Louis XI. & de Charlotte de Savoye né 1470.*
† *1498.*

FRANCOIS I. *Fils de Charles Comte d' Angoûleme & de Louise de Savoye; né l'an 1494. Roi l'an 1515. prisonnier à la bataille de Pavie l'an 1525.* † *1547.*

LOUIS XIII. *fils de Henri IV. & de Marie de Medicis, né 1601. Roi de France 1610.* † *1643.*

LOUIS XIV. *fils de Louis XIII. & d'Anne d'Autriche fille de Philippe III. Roi d'Espagne, né 1638. Roi 1643.* † *1715.*

LOUIS XV. *fils de Louis Duc de Bourgogne & de Marie Adelaide de Sa-*
voye, né l'an 1710. Roi 1715. couronné l'an 1722.

ROIS DE **HONGRIE.**

WLADISLAS II. *que quelques uns nomment Ladislas II. fils d'Elifabeth heritiere de Hongrie, & de Cafimir III. Roi de Pologne, né 1456, Roi de Boheme 1471, Roi d'Hongrie 1490, Empoifonné par les Huffites 1516.*

LOUIS II. *dit le Jeune fils de Wladislas VI. & de Beatrix fille naturelle de Ferdinand Roi de Naples & veuve de Mathias Corvin, né 1506. Roi de Hongrie & de Boheme 1516, tué par les Turcs à la bataille de Mohacz 1526.*

FER-

FERDINAND I. *frere puiné de l'Emp. Charles V. Roi de Hongrie 1527. du Chef de sa femme Anne sœur de Louis II. † 1564.*

JEAN SIGISMOND ZAPOL II. *fils de Jean Zapol I. & d'Elisabeth ou Isabelle de Pologne, né 1541. Roi Titulaire de Hongrie & Vaivode de Transylvanie, † 1571.*

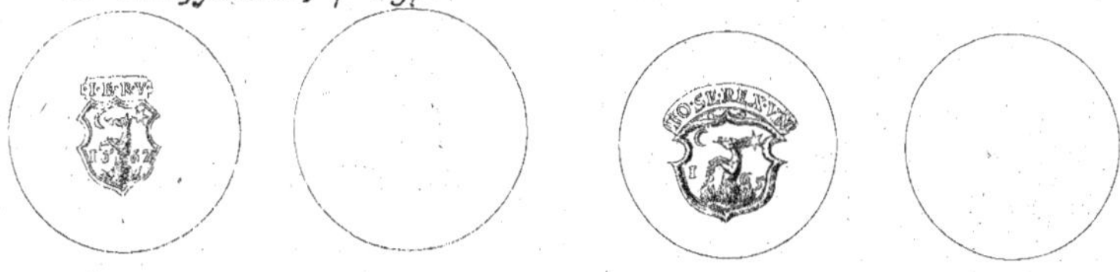

MAXIMILIEN II. *fils de Ferdinand I. & d'Anne de Hongrie, né 1563. † 1576.*

RODOLPHE *fils de Maximilien II, ne 1552, Roi de Hongrie 1572, de Boheme 1575, Emp. 1576. † 1612.*

MA-

MATHIAS II. *frere puiné de Rodolphe, Roi 1608, † 1619.*

FERDINAND II. *fils de Charles Archiduc de Styrie, & petit fils de l'Emp. Ferd. I. Roi 1618. † 1637.*

GABRIEL BETHLEN *ou Bethlen Gabor Vaivode de Transylvanie, proclamé Roi de Hongrie par la faction opposée au Roi legitime l'an 1619. † 1629.*

FER-

FERDINAND III. *Emp. fils de Ferdinand II. Roi 1625. † 1657.*

LEOPOLD *fils puîné de Ferdinand III. Roi 1655. † 1705.*

JOSEPH *fils de l'Emp. Leopold & de sa 3me femme Eleonore Magdelaine de Neubourg , né 1678. Roi de Hongrie 1687. † 1711.*

CHARLES VI. *fils puiné de l'Emp. Leopold , Couronné Roi de Hongrie à Presbourg 1712. † 1740.*

MARIE THERESE *fille & Heritiere de l'Emp. Charles VI. Couronnée Reine de Hongrie 1741.*

ROIS DE **NAPLES** ET DE SICILE.

CHARLES V. *fils de Philippe I. Roi d'Espagne , & de Jeanne Heritiere de toute la Monarchie d'Espagne, né 1500. Roi 1516. Emp. 1519. abdiqua 1556. † 1558.*

PHILIPPE II. *fils de Charles I. Roi d'Espagne & d'Isabelle de Portugal, né 1527. Roi 1556. † 1598.*

PHILIPPE III. *fils de Philippe II. & de la 4.me femme Anne fille de l'Emp. Maximil. II. né 1578. Roi 1598. † 1621.*

CHARLES II. *fils de Philippe IV. né 1661. Roi 1665. † 1700.*

PHILIPPE V. *Duc d' Anjou fils de Louis Dauphin & de Marie Anne de Baviere , né 1683. † 1746.*

VICTOR AMADEE *fils de Charles Emanuel II. Duc de Savoye , né 1666. Roi de Sicile depuis 1713. Jusqu' en 1718. abdiqua 1730. † 1732.*

CHARLES III. *fils de l' Emp. Leopold & d' Eleonore Magdelaine de Neubourg , né 1685. † 1740.*

CHARLES de Bourbon Vulgairement dit Don Carlos Roi de Naples & de Sicile , fils de Philippe V. Roi d'Espagne & d'Elisabeth Farnese , né
1716. proclamé Duc de Parme & de Plaisance 1731. Couronné a Palerme 1735.

ROIS DE **NAVARRE**.

HENRI II. *que les auteurs nomment Henri III. fils d'Antoine de Bourbon Roi de Navarre & de Jeanne d'Albret né l'an 1553. Roi de Navarre l'an 1562. Roi de France sous le nom de Henri IV. dit le Grand, l'an 1589. assassiné l'an 1610.*

ROIS DE **POLOGNE**.

ETIENNE BATHORI *Prince de Transylvanie né 1533. elu Roi de Pologne 1575. a cause de sa femme Anne Sœur du Roi Sigismond Auguste, † 1586.*

SIGISMOND III. *fils de Catherine Sœur de Sigismond Auguste & de Jean Roi de Suede, né 1566. Roi de Pologne 1587. Roi de Suede 1594. † 1632.*

WLADISLAS IV. *fils de Sigismond III. & d'Anne d'Autriche, né 1595. Roi 1633. † 1648.*

JEAN CASIMIR *frere puiné de Wladislas IV. fils de Sigismond III. & de Constance d'Autriche sa seconde femme propre sœur de la premiere, né 1609. couronné Roi de Pologne 1649. abdiqua 1668. † en france 1671.*

JEAN III. *Sobieski, né 1624. elu Roi 1674. † 1696.*

FREDERIC AUGUSTE II. *Electeur de Saxe, né 1670. Roi 1697. forcé d'abdiquer 1706. rétabli 1709. † 1732.*

FREDERIC AUGUSTE III, *fils d'Auguste II. & de Christine Evrar-*
dine de Bareith, né 1696. elu Roi de Pologne 1733. Couronné 1734.

ROIS DE **PORTUGAL.**

PIERRE *fils de Jean IV. & de Louise Marie de Medina Sidonia & frere puiné du Roi Alphonse VI. né 1648. Regent du Royaume 1668. Roi 1683. † 1706.*

ROIS DE **PRUSSE.**

FREDERIC I. *fils de Fred. Guillaume dit le Grand, Electeur de Brandebourg, né 1657. Sacré Roi de Prusse à Königsberg 1701. † 1713.*

FREDERIC GUILLAUME *fils de Frederic I. & de Sophie Charlotte de Hanovre , né 1688. Roi de Pruſſe 1713. † 1740.*

FREDERIC II. *fils de Freder. Guill. & de Sophie Dorothée de Hanovre, né 1712. Roi de Pruſſe 1740.*

ROIS DE SARDAIGNE.

CHARLES EMANUEL III. *fils de Victor Amedée & d'Anne Marie d'Orleans, né l'an 1701. Prince de Piedmont 1715. Roi de Sardaigne 1730.*

ROIS DE SUEDE.

GUSTAVE ERICHSOHN *fils d'Eric Vaza, né 1490. Gouverneur du Royaume de Suede en 1521. Roi 1523. † 1560.*

ERIC XIV. *fils de Gustave Erichsohn & de Catherine de Saxe Lawenburg, né 1533. Roi 1560. abdiqua l'an 1568. † en prison 1577.*

JEAN

JEAN III. *fils de Guftave Erichfohn & de Marguerite Löwenhaupt frere puiné d' Eric XIV. né 1537. prifonnier 1563. Roi 1568. † 1592.*

SIGISMOND *petit fils de Guftave Erichfohn, & fils de Jean & de Catherine fille de Sigismond Roi de Pologne, né 1566. Roi de Pologne 1587. Roi de Suede 1592. détroné 1600 † 1632.*

MONNOIE *frappée apres l' Expulfion de Sigismond l' an 1600.*

CHARLES IX. *frere puiné de Jean cy deffus, né 1550. elu Roi 1600. † 1611.*

GUSTAVE ADOLPHE *fils de Charles IX. & d'Anne Marie Palatine,*
ne 1594. Roi 1611. tué à la Bataille de Lutzen 1632.

CHRISTINE *fille unique de Gustave Adolphe, & de Marie Eléonore de Bran-*
debourg, née l'an 1626. Reine de Suede 1632. abdiqua 1654. † Catholique
à Rome 1689.

CHAR-

CHARLES GUSTAVE *fils de Catherine Sœur de Roi Guftave Adolphe & de Jean Cafimir Comte Palatin de Deuxponts , né 1622. Roi de Sue- de 1654. † 1660.*

CHARLES XI. *fils de Charles Guftave & de Hedwige Eléonore de Hol- ftein Gottorp , né 1655. Roi 1660. † 1697.*

CHARLES XII. *fils de Charles XI. & d' Ulrique Eléonore de Dannemarck, né 1682. couronné Roi de Suede 1697. défait à Pultawa 1709. & tué à Friderichstatt en Norwege 1718.*

ULRIQUE ELÉONORE *sœur puinée de Charles XII. née 1688. Reine de Suede 1719. Mariée à Frederic Landgrave de Hesse Cassel 1715. † 1741.*

FREDERIC *fils de Charles Làndgrave de Heſſe Caſſel, né 1676. aſſocié au trône de Suede par ſa femme Ulrique Eleonore 1720. † 1751.*

ROIS TITULAIRES.

MONNOIE *barbare & informe de Theodore Roi Fantaſtique de Corſe.*

ELE-

ELECTEURS ET PRINCES SUPERIEURS
DE L'EMPIRE.
ARCHIDUCS D' AUTRICHE.

SIGISMOND *Archiduc d'Autriche fils de Fred. IV. & d'Elifabeth fille de l'Emp. Rupert, né 1427. eut en apanage le Tyrol & l'Alface en 1439. † 1496.*

MAXIMILIEN *fils de l'Emp. Fred. III. & d'Eléonore de Portugal, né 1459. marié à Marie heritiere de Bourgogne 1477. Emp. 1493. † à Wels 1519.*

PHILIPPE *d'Autriche fils de Maximilien I. & de Marie de Bourgogne né 1478. Roi de Castille 1504. † 1506.*

FERDINAND I. *frere puiné de l'Emp. Charles V. Archiduc d'Autriche, né 1503. Empereur 1556. † 1564.*

FERDINAND *Archiduc de Tyrol fils de l'Emp. Ferd. I. & d'Anne de Hongrie & frere puiné de l'Emp. Maximil. II. né 1529. † 1595.*

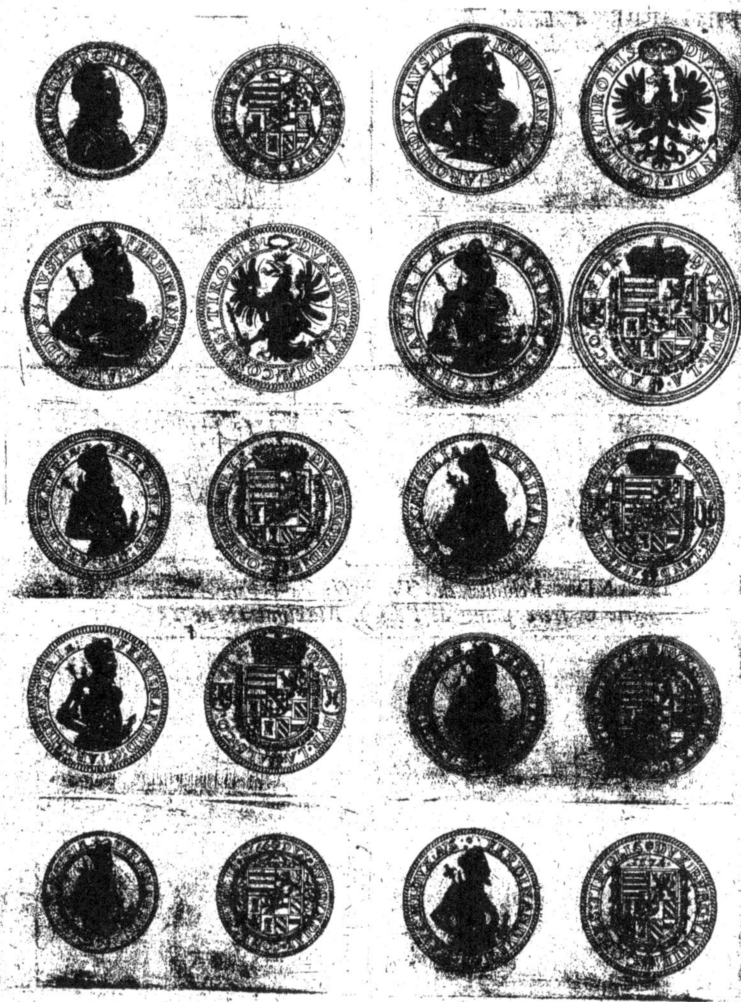

MAXIMILIEN *Grand Maitre de l'ordre Teutonique frere puiné des Emp.*
Rodolphe II. & Mathias, né 1558. † 1660.

ALBERT *frere puiné de Maximilien cy deſſus, né 1559, † 1609. & ſon Epouſe Claire Iſabelle Eugenie fille de Philippe II. Roi d'Eſpagne, née 1568. mariée 1599. † 1621.*

CHARLES *Archiduc de Styrie troiſieme fils de l'Emp. Ferdinand I. & d'Anne de Hongrie & frere puiné de Ferdinand mentionné cy deſſus, né 1540. † 1590.*

FER-

FERDINAND *Archiduc d'Autriche & de Carinthie fils ainé de Charles de Styrie cy deſſus, & de Marie de Baviere, né 1578. Emp. ſous le nom de Ferdinand II. 1619. † 1637.*

LEOPOLD *troiſieme fils de Charles de Styrie, & de Marie de Baviere, frere puiné de l'Emp. Ferdinand II. & de Maximilien Erneſt, né 1586. Eveque de Strasbourg & de Paſſau 1607. marié 1626. † 1632.*

CHAR-

CHARLES *Posthume frere puiné de Leopold mentionné cy deſſus, né 1590. Eveque de Breslau 1608. de Brixen 1614. & enſuite Grand Maitre de l'ordre Teutonique. † 1624.*

FERDINAND *Charles fils de Leopold Archiduc de Tirol & de Claude de Medicis, né 1628. † 1662.*

SIGIS-

SIGISMOND FRANCOIS *frere puiné de Ferdinand Charles, né 1630.*
Eveque d'Augsbourg 1646. fiancé à Marie Hedwige Palatine de Sultz-
bach, † avant son mariage l'an 1665.

DUCS DE **LORRAINE.**

RENE II. *fils de Ferri Comte de Vaudemont & de Jolanthe fille de René I. Duc de Lorraine en 1473. défit Charles Duc de Bourgogne devant Nancy 1477. † 1508.*

ANTOINE *fils de René II. & de Philippe de Gueldres, né 1490, † à Nancy 1544.*

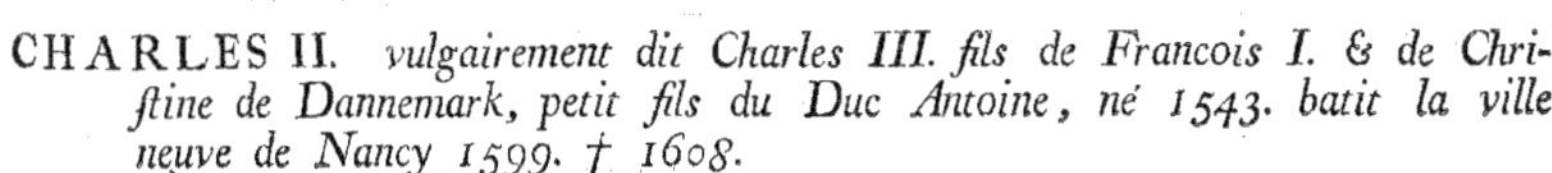

CHARLES II. *vulgairement dit Charles III. fils de Francois I. & de Chri- stine de Dannemark, petit fils du Duc Antoine, né 1543. batit la ville neuve de Nancy 1599. † 1608.*

CHARLES III. *vulgairement dit Charles* **IV.** *fils de François Comte de Vaudemont, & de Christine de Salm, né l'an 1604.* † *1675.*

LEOPOLD I. *fils de Charles* **V.** *& d'Eleonore d'Autriche sœur de l'Emp. Leopold né à Inspruck 1679. rentra dans ses Etats en 1697. & y fit renaitre le Siecle d'or.* † *à Luneville 1729.*

CHARLES *Duc de Lorraine frere de Leopold I. né 1680. Grand Prieur de Castille l'an 1693. Eveque d'Olmutz 1695. d'Osnabruck 1698. Electeur de Treves 1711. † à Vienne 1715.*

FRANCOIS III. *fils de Leopold I. & d'Elisabeth Charlotte d'Orleans, né à Luneville 1708. Duc de Lorraine 1729. Marié 1736. Grand Duc de Toscane 1737. Empereur des Romains & couronné à Francfort 1745.*

MAISON D'**ANHALT**.

JEAN IV. *de Zerbſt, né 1504. † 1551. George III. de Plotzgau, né 1507. † 1552. Joachim de Deſſau, né 1509. † 1561. Tous les 3 fils d'Erneſt d'Anhalt, & de Marguerite de Munſterberg, & leur Couſin Germain Wolfgang de Cöthen fils de Waldemar IV. né 1492. † ſans poſtérité. 1566.*

MONNOIE *commune des Princes de la maiſon d'Anhalt.*

ANHALT-**BERNBURG**.

CHRISTIAN II. *Prince d'Anhalt Bernburg, fils de Chriſtian I. & d'Anne de Bentheim Tecklembourg, né 1599. fait priſonnier à la Bataille de Prague 1620. † 1656.*

MONNOIES *communes des Princes d'Anhalt Bernburg.*

VICTOR

VICTOR FREDERIC *de Saxe Anhalt Bernburg fils de Charles Frederic & de Sophie Albertine de Solms, né 1700. ſucceda à ſon pere 1721.*

ANHALT · CÖTHEN.

LOUIS *Prince d'Anhalt Cöthen ſeptieme fils de Joachim Erneſt, né 1579. † 1650. en memoire du decés de ſa fille Louiſe Amœna ou Amalie, née 1609. † 1625.*

LOUIS *le jeune fils ainé de Louis cy deſſus & d'Amœna ou Amalie de Bentheim, né 1607. † 1624.*

AUGUSTE LOUIS *fils d'Immanuel Leberecht & de Giſéle Agnés de Rathen, né 1697.*

AN-

ANHALT - DESSAU.

JEAN GEORGE II. *fils de Jean Cafimir Prince d'Anhalt Deffau &
d'Agnés de Heffe Caffel, né 1627. † 1693.*

ANHALT-ZERBST.

JEAN *fils de Rodolphe Prince d'Anhalt Zerbft & de Magdelaine d'Oldembourg,
né 1621. † 1667.*

CHARLES GUILLAUME *fils ainé de Jean cy deffus, & de Sophie
Augufte de Saxe Weiffenfels, né 1652. † 1718.*

MAISON DE **BADEN.**

BERNARD IV. *Tige des Margraves de Bade Baden, fils de Chriſtophe I. né 1474. ſe fit Lutherien, & mourut 1537.*

GUILLAUME *fils d'Edouard fortuné & de Marie d'Eicken, né 1593. †1677.*

LOUIS GUILLAUME *fils de Ferdinand Maximilien & de Louiſe Chriſtine de Carignan, né 1655. † 1707.*

BADEN - DURLACH.

GEORGE FREDERIC *fils de Charles & d'Anne de Lützelstein, nè 1573.*
† 1638.

FREDERIC V. *fils de George Frederic & de Julienne Urfule Reingrave,*
né 1594. † 1659.

FREDERIC MAGNUS *fils de Frederic VI. & de Chriftine Magdelaine*
fœur de Charles Guftave Roi de Suede, nè 1647. † 1709.

CHARLES AUGUSTE *fils de Chriftophe & de Marie Chriftine de Lei-*
ningen, né 1712, & Magdelaine Guilmine de Wirtemberg Studtgardt,
Veuve de Charles Guillaume Landgrave de Baden Durlach, l'un & l'au-
tre Adminiftrateurs du Margraviat pendant la Minoritè de Charles
Frederic.

MAISON DE BAVIERE.

ALBERT V. *fils de Guillaume IV. Duc de Baviere Munich, & de Marie Jacobée de Baden, né 1528. † 1579.*

MAXIMILIEN *fils de Guillaume V. né 1573. Electeur de Baviere 1623. † 1651.*

FERDINAND MARIE *fils de Maximilien Electeur, né 1636. † 1679. & Adelaide Henriette fille de Victor Amedée Duc de Savoye, Mariée 1652. † 1676.*

MA-

MAXIMILIEN MARIE EMANUEL *Electeur, fils de Ferdinand Marie & d'Adelaide Henriette de Savoye, né 1662. Gouverneur des pays bas 1692. mis au ban de l'Empire 1706. retabli dans ses Etats 1714. † 1726.*

CHARLES ALBERT *fils de Maximilien Marie Emanuel & de Therese Cunegonde Sobieski, né 1697. proclamé Emp. & couronné comme tel 1742. † 1745. & Charles Philippe Electeur Palatin l'un & l'autre comme Vicaires de l'Empire apres le decés de l'Emp. Charles VI.*

MAXIMILIEN JOSEPH *fils de l'Electeur Charles Albert & de Marie Amelie d'Autriche, né 1727. Electeur de Baviere 1745. & son Epouse Marie Anne de Saxe Princesse Royale de Pologne, née 1728. mariée 1747.*

MAISON DE **BRANDEBOURG.**

JOACHIM I. *furnommé le Neftor, fils de Jean le Ciceron & de Marguerite de Saxe,
né 1484. Electeur de Brandebourg 1499. † 1535.*

JOACHIM II. *furnommé Hector, fils de Joachim I. & d'Elifabeth fille de Jean
Roi de Dannemarck, né 1505. Elect. 1535. fe fit Lutherien 1539. † 1571.*

JEAN I. *dit le Prudent ou le Severe frere puiné de l'Elect. Joachim II. né 1513.
† 1571.*

JOACHIM FREDERIC *fils de Jean George Elect. de Brandeb. & de Sophie de Lignitz, né 1546. Adminiftrateur de Magdebourg 1566. Electeur
1598. † 1608.*

JEAN

JEAN SIGISMOND *fils de Joachim Frederic & de Catherine de Cuſtrin,*
né 1572. Electeur 1608. † 1619.

JEAN GEORGE *frere puiné de l' Electeur Jean Sigismond, né 1577. elu*
Eveque de Strasbourg par les Proteſtants 1592. Duc de Jügerndorff 1606.
Grand Maitre de Sonneburg 1616. †. 1624.

CHRISTIAN GUILLAUME *frere puiné de Jean George cy deſſus né 1587.*
Adminiſtrateur de Magdebourg 1598. † Catholique 1665.

GEORGE GUILLAUME *fils de l' Electeur Jean Sigismond & d' Anne fille*
d' Albert Frederic Duc de Pruſſe, né 1595. Electeur 1619. † 1640.

FREDERIC GUILLAUME *fils de l'Electeur George Guill. & d'Elifa-beth Charlotte Palatine, né 1620. Electeur 1640. † 1688.*

LOUISE

LOUISE HENRIETTE *fille de Henri Frederic Prince d'Orange, femme de Frederic Guillaume l'an 1646. † 1667.*

FREDERIC III. *fils de l'Electeur Frederic Guillaume dit le Grand & de Louise Henriette d'Orange, né 1657. Electeur 1688. Roi de Pruffe 1701.*

BRANDEBOURG - ANSPACH.

GEORGE *le Pieux Margrave d'Anspach, né 1484. † 1543. & son frere Albert grand Maitre de l'ordre Teutonique. né 1490. † 1568, tous 2 fils de Frederic le Vieux & de Sophie fille de Casimir IV. Roi de Pologne.*

ALBERT *frere puiné de George le Pieux, grand Maitre de l'ordre Teutonique en 1512. premier Duc de Prusse en 1525. † 1568.*

GEORGE FREDERIC *fils de George le Pieux & de sa troisieme femme Amelie de Saxe, né 1539. Duc de Jägerndorff &c. † 1603.*

JOACHIM ERNEST *fils de l'Electeur Jean George & de sa troisieme femme Elisabeth d'Anhalt, né 1583. † 1625.*

FREDERIC *né 1616. † 1634. Albert né 1620. † 1667. & Christian, né 1623. † 1643. Tous 3 fils de Joachim Ernest & de Sophie de Solms.*

JEAN

JEAN FREDERIC *fils d'Albert un des 3 freres cy deſſus & de Marguerite Sophie d'Oettingen, né 1654. † 1686.*

GEORGE FREDERIC *fils de Jean Frederic & de Jeanne Eliſabeth de Ba- de Durlach, né 1678. † 1703.*

GUILLAUME FREDERIC *troiſieme fils de Jean Frederic & d'Eleonore Erdmuth Louiſe de Saxe Eiſenach, né 1685. † 1723.*

CHRISTINE CHARLOTTE *de Wirtemberg femme de Guillaume Fre- deric Tutrice & Regente d'Anſpach, né 1694. † 1720.*

CHAR-

CHARLES GUILLAUME FREDERIC *fils de Guill. Fred. & de Chri-*
stine Charlotte de Wirtemberg, né 1712.

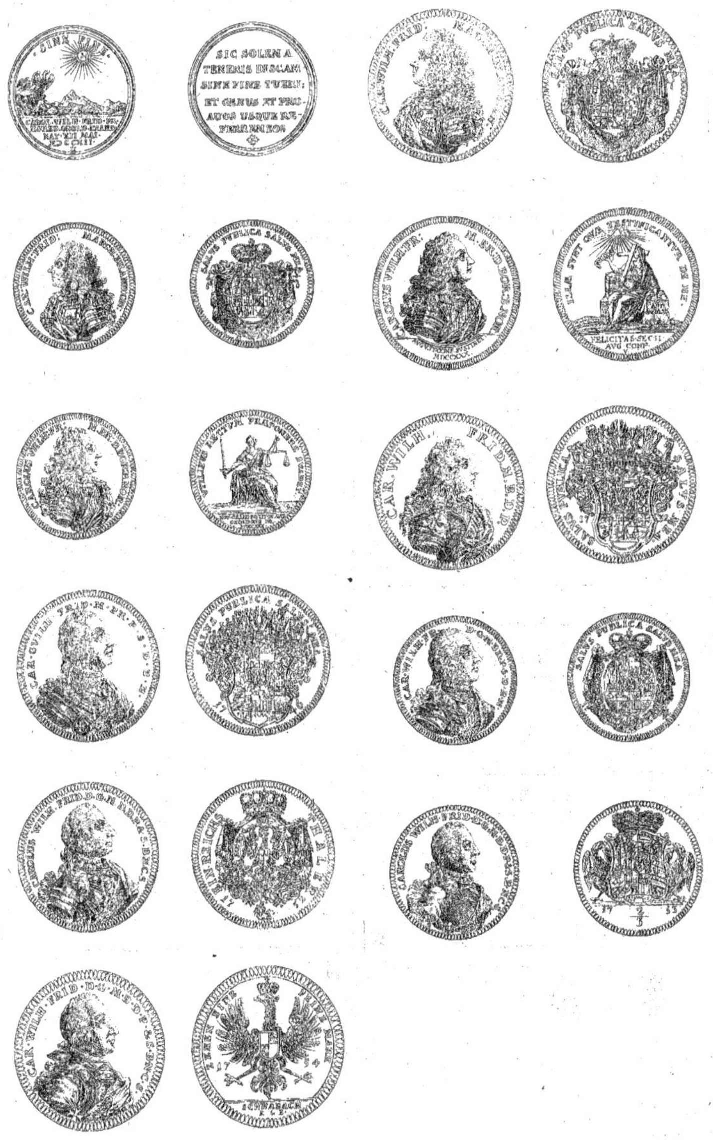

BRANDEBOURG-**BAREITH**.

CHRISTIAN *Margrave de Bareith fils de l' Electeur Jean George & frere de l' Electeur Joachim Fred. né 1581. † 1655.*

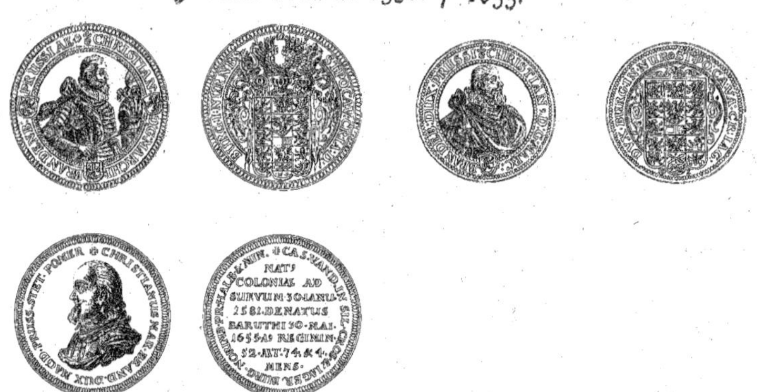

CHRISTIAN ERNEST *fils d' Erdman Auguste & de Sophie d' Anspach, & petit fils de Christian mentionné cy dessus, né 1694.*

MONNOIE *Nuptiale de Sophie femme de Christian Ernest & fille d' Evrard III. Duc de Wirtemberg Studtgard, née 1642. mariée 1671. † 1712.*

MONNOIE *fur la Naisfance de fon fils George Guillaume, né 1678.*

GEORGE GUILLAUME *fils de Chriftian Erneft & de Sophie Louife de Wirtemberg, né 1678.* † *1726.*

MAISON DE **BRUNSVICH**.

MONNOIE *commune des 4. fils de Philippe I. dit le Vieux Duc de Brunſv. Gru-benhagen & de Catherine de Mansfeld, ſçavoir, Erneſt II. né 1518. † 1567. Jean né 1526. tué à la Bataille de St. Quentin 1557. Wolfgang né 1531. † 1595. & Philippe II. né 1533. † 1596.*

WOLFGANG *de Grubenhagen &c. & Philippe II. ſon frere mentionné cy deſſus.*

PHILIPPE *frere puiné de Wolfgang mentionné cy deſſus.*

HENRI

HENRI *le Jeune, né 1489. † 1568. & Eric Commandeur de l'ordre Teuto-*
nique † 1525. l'un & l'autre fils de Henri le Vieux ou le Mauvais & de
Catherine de Pomeranie.

GEORGE *frere puiné de Henri le Jeune, né 1494. Eveque de Minden 1553.*
de Ferden 1558. Archev. de Bremen la meme Année, † 1566.

ERIC

ERIC *le Jeune Duc de Brunsvich Calemberg fils d'Eric le Vieux & d'Eli-*
sabeth de Brandebourg, né 1528. se fit Catholique, & epousa Dorothée
fille de François Duc de Lorraine en 1575. † 1584.

JULES *fils de Henri le jeune & de Marie de Wirtemberg, né 1529. fonda*
l'université de Helmstadt 1576. † 1589.

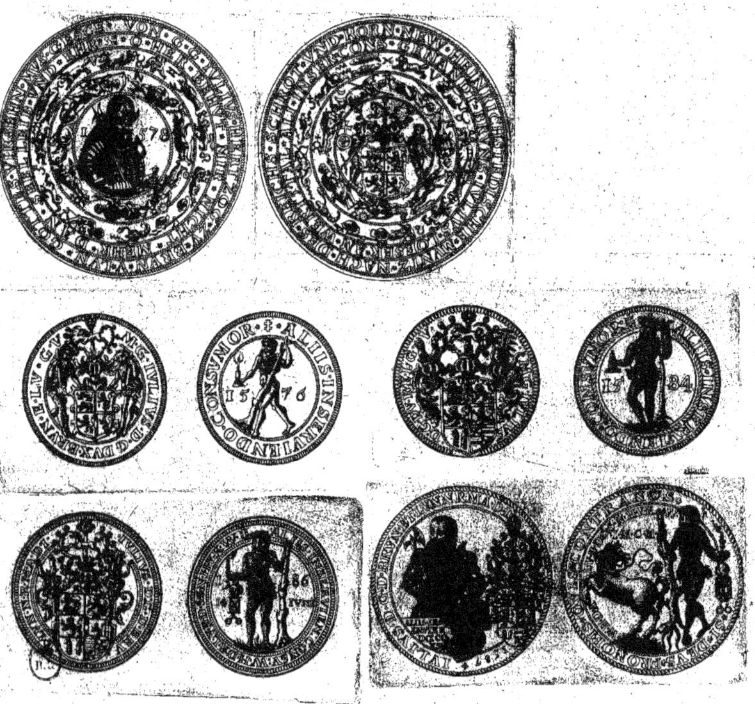

HENRI JULES *fils de Jules cy deſſus & de Hedwige de Brandebourg, né 1564. Eveque de Halberſtadt 1566. † 1613.*

ELISABETH *fille aînée de Freder. II. Roi de Dannemarck & de Sophie de Mecklembourg, née 1573. mariée à Henri Jules cy deſſus 1590. † 1626.*

FREDERIC ULRIC *fils de Henri Jules & d'Eliſabeth de Dannemarck, né 1591. † 1634.*

MONNOIE *funebre de Anne Sophie femme de Frederic Ulric & fille de Jean Sigismond Electeur de Brandebourg & d'Anne de Prusse, née 1598. ma-riée 1614. † 1659.*

CHRISTIAN *furnommé l'Eveque Enragé, frere puiné de Frederic Ulric, né 1599. † 1626.*

Brunsvich-**HARBOURG.**

GUILLAUME *fils d'Othon le Jeune & de Hedwige d'Oostfrise, né 1564. †*
le dernier de sa branche l'an 1642.

CATHERINE SOPHIE *fille d'Othon le Jeune & de Hedwige d'Oostfrise,*
née 1577. † 1655.

BRUNSVICH LUNEBOURG-**HANOVRE.**

CHRISTIAN *le second des 7 fils de Guillaume le jeune Duc de Lunebourg & de Dorothée de Dannemarck, né 1566. † 1633.*

AUGUSTE *frere puiné de Christian cy deſſus, né 1568. † 1636.*

FREDERIC *frere puiné d'Auguſte cy deſſus, né 1574. † 1648.*

GEORGE *frere puiné de Freder. cy deſſus, né 1582. † 1641.*

MONNOIE *funebre d' Anne Eleonore de Heſſe Darmſtadt femme de George cy deſſus, née 1601. † 1659.*

CHRI-

CHRISTIAN LOUIS *Duc de Zell fils de George & de Anne Eleonore cy deſſus, né 1622. † 1665.*

GEORGE GUILLAUME *Duc de Zell frere puiné de Christian Louis,*
né 1624. † 1705.

JEAN FREDERIC *Duc de Hanovre frere puiné de George Guillaume cy deſſus, nè 1625. Catholique 1651. † 1679.*

ERNEST AUGUSTE *frere puiné de Jean Freder. né 1629. Eveque d'Osnabruck 1662. crée Electeur de Hanovre 1692. † 1698.*

SOPHIE *fille de Frederic V. & d'Elifabeth fille de Jaques I. Roi d'Angleterre, & fœur de Charles Louis Electeur Palatin, femme d'Erneft Augufte cy deffus, née 1630. mariée 1658. † 1714.*

GEOR-

GEORGE LOUIS *fils d'Erneſt Auguſte & de Sophie Palatine, né 1660. Electeur 1708. proclamé Roi de la grande Bretagne 1714. † à Osnabruck 1727.*

GEORGE II. *fils de George Louis & de Sophie Dorothée fille de George Guillaume Duc de Zell, né 1683, Prince de Galles 1714. couronné Roi d'Angleterre 1727.*

BRUNSVICH-WOLFFEMBUTTEL.

JULES ERNEST *fils de Henri Duc de Brunſvich Danneberg & d'Urſule de Saxe Lawenburg*, né 1571. † 1636.

AUGUSTE *fils de Henri & frere puiné de Jules de Danneberg Duc de Wolffembuttel*, né 1579. † 1666.

RODOLPHE AUGUSTE *Duc de Brunsvich fils ainé d'Auguste cy dessus & de Dorothée d'Anhalt-Zerbst, né 1627. † 1704.*

ANTOINE ULRIC *Duc de Wolffembuttel frere puiné de Rodolphe Augufte, né 1633. † 1714.*

ELISABETH JULIE *femme d'Antoine Ulric & fille de Fred. Duc de Holftein Norburg, née 1634. mariée 1656. † 1704.*

AU-

AUGUSTE FREDERIC *fils ainé d'Antoine Ulric, & d'Elisabeth Julienne de Holstein Norburg, né 1657. † au Siege de Philipsbourg l'an 1676.*

AUGUSTE GUILLAUME *Duc de Wolffembuttel fils d'Antoine Ulric & d'Elisabeth Julienne de Holstein Norburg, né 1662. † 1731.*

LOUIS RODOLPHE *Duc de Blanckembourg & puis de Wolffembuttel, frere puiné d'Auguste Guillaume, né 1671. † 1735.*

FERDINAND ALBERT *Duc de Wolffembuttel fils de Ferdinand Albert Duc de Brunsvich Bevern & de Christine de Hesse Eschwege, né 1680. † 1735.*

CHAR-

CHARLES *Duc de Brunsv. Wolffembuttel fils de Ferdinand Albert & d' Antoinette Amalie de Blanckembourg, né 1713.*

DUCS DE **CLEVES.**

JEAN II. *fils de Jean I. Duc de Cleves & d' Elifabeth fille de Jean de Bour-*
gogne Comte de Nevers, né 1458. † 1521.

DUCS DE **GUELDRES.**

CHARLES *Dernier Duc de Gueldres frere ainé de Philippe Ducheffe de Lor-*
raine, & fils d' Adolphe & de Catherine de Bourbon, poffeda les Duchés
de Gueldres & de Juliers depuis 1492. Jusqu' en 1537. † 1538.

MAISON DE **HESSE-CASSEL.**

PHILIPPE *le Magnanime fils de Guill. Landgrave de Heffe-Caffel & d' An-*
ne de Mecklenbourg, né 1504. fe fit Lutherien l'an 1527. fonda l'univer-
fité de Marbourg 1531. fait prifonnier 1547. relaché 1552. † 1567.

MAURICE *fils de Guillaume IV. dit le fage & de Sabine de Wirtemberg, né*
1572. abdiqua 1627. † 1732.

　　　　　　　　　　　　　　　GUIL-

GUILLAUME V. *fils de Maurice & d' Agnes de Solms (né 1602. † 1637.)*
comme Administrateur de l' Abbaye de Hirschfeld sur la Riviere de Fuld
secularisée par le traité de Munster en faveur de la Maison de Hesse-Cas-
sel l' an 1648.

AMALIE ELISABETH *l' Heroine de son siecle, fille de Philippe Louis II. Comte de Hanau, née 1602. mariée à Guillaume V. Landgrave de Hesse-Cassel 1619. † 1651.*

GUILLAUME IV. *fils de Guillaume V. & d'Amalie Elisabeth de Hanau, né 1629. † 1663.*

HEDWIGE SOPHIE *Epouse de Guill. VI. fille de George Guill. Electeur de Brandebourg & d' Elisabeth Charlotte Palatine, née 1623. mariée 1649. † 1683.*

  CHAR-

C H A R L E S *fils puiné de Guillaume VI. & de Hedwige Sophie de Brandebourg, né 1654. † 1730. fon fils Frederic monta fur le trone de Suede 1720.*

HESSE-DARMSTADT.

L O U I S V. *fils de George le Pieux & de Magdelaine de Lippe, née 1577. fonda l'univerfité de Gieffen 1607. † 1626.*

GEORGE II. *fils de Louis V. & de Magdelaine de Brandebourg, né 1609. † 1661.*

ERNEST

ERNEST LOUIS *fils de Louis VI. & d'Elisabeth Dorothée de Saxe Gotha,* né 1667. † 1739.

LOUIS VIII. *fils d'Ernest Louis Landgrave de Hesse Darmstadt,* né 1691.

HESSE-MARPURG.

LOUIS IV. *fils puiné de Philippe le Magnanime & de Christine de Saxe,* né 1537. † 1604.

HOLSTEIN-GOTTORP.

FREDERIC I. *fils puiné de Chriſtian I. & frere de Jean Roi de Dannemarck de Norvege & de Suede, né 1473. elu Roi de Dannemarck apres la depoſition de ſon Neveu Chriſtierne II. 1523. † 1533.*

JEAN ADOLPHE *fils d'Adolphe Duc de Holſtein Gottorp & de Chriſtine de Heſſe, né 1575. Archeveque de Bremen 1585. Eveque de Lubeck 1586. Duc de Gottorp 1590. † 1616.*

JEAN FREDERIC *frere puiné de Jean Adolphe né 1579. Eveque de Lubeck & Archeveque de Bremen 1596. † 1634.*

FREDERIC III. *fils ainé de Jean Adolphe Duc de Holſtein Gottorp & d'Auguſte de Dannemarck, né 1597. † 1659.*

CHRI.

CHRISTIAN ALBERT *fils de Freder. III. & de Marie Elifabeth de Saxe, né 1641. Eveque de Lubeck 1655. jufqu'en 1666. qu'il fut retabli dans les Etats affectés à la Maifon de Holftein Gottorp,* † *1694.*

AUGUSTE FREDERIC *frere puiné de Chriftian Albert cy deffus, né 1646. Eveque de Lubeck 1666.* † *1705.*

HOLSTEIN- PLÖN.

AUGUSTE *fils puiné de Joachim Erneft & de Dorothée de Holftein Gottorp, né 1635.* † *1699.*

JEAN ADOLPHE *fils de Joachim Erneft & de Dorothée Augufte de Holftein Gottorp, né 1634.* † *1704.*

HOLSTEIN- SCHAUENBURG.

ADOLPHE XIII. *fils d' Othon Comte de Schauenburg & de Marie de Po-*
meranie, né 1547. † 1601.

ERNEST *fils d' Othon V. Comte de Schauenburg & de Pinnenberg & d'Elifa-*
beth Urfule de Brunfvich, né 1569. † 1622.

JOSSE HERMAN *fils de Henri X. Duc de Holftein Schauenburg, & de*
Motta ou Mathilde Comteffe de Limbourg Bronchorft, né 1593. † fans
pofterité 1635.

HOLSTEIN-SUNDERBURG.

ALEXANDRE *Duc de Holſtein Sunderburg fils de Jean le jeune & d'Eliſabeth de Brunſvich, né 1573. † 1627.*

SYBILLE URSULE *fille d'Auguſte Duc de Brunſvich Wolffembuttel & de Dorothée d'Anhalt Zerbſt, née 1629. mariée à Chriſtian Duc de Holſtein Sunderberg Glucksburg 1663. † 1671.*

DUCS DE JULIERS.

GUILLAUME *Duc de Juliers, de Cleves, de Bergues, Comte de la Marck, de Ravensberg, & Seigneur de Ravenſtein, fils de Jean III. dit le Pacifique, & de Marie heritiere de Juliers, de Bergues, & de Ravensberg, né 1516. † 1592.*

JEAN GUILLAUME *dernier Duc de Juliers, de Cleves & de Bergues fils de Guillaume cy deſſus & de Marie fille de l'Emp. Ferd. I. né 1562. † 1609.*

DUCS

DUCS DE MECKLEMBURG.

ALBERT VI. *fils de Magnus II. & de Sophie de Pomeranie frere puiné de Henri le pacifique, né 1487. † 1547.*

JEAN ALBERT I. *fils d'Albert VI. & d'Anne de Brandebourg, né 1525. † 1576.*

HENRI *dit le Pacifique ou Pere de la patrie, fils d'Albert V. Duc de Mecklemburg, né 1479. succeda 1503. † 1552.*

ULRIC *dit le Nestor allemand frere puiné de Jean Albert I. né 1528. Eveque de Schwerin 1550. † 1603.*

JEAN ALBERT II. *Duc de Mecklemburg Guftraw fils de Jean IV. &*
de Sophie de Holftein, né 1590. † 1636.

GUSTAVE ADOLPHE *fils de Jean Albert II. & d'Eleonore Marie*
d'Anhalt Bernbourg, né 1633. † 1699.

CHARLES *frere puiné d'Ulric Eveque de Ratzbourg en 1592. † 1610.*

MECKLEMBURG - SCHWERIN.

ADOLPHE FREDERIC I. *Duc. de Mecklemburg Schwerin fils de Jean I. & de Sophie de Holſtein, né 1588. mis au ban de l'Empire 1628. retabli par les Suedois 1631. † 1658.*

CHRISTIAN LOUIS *fils d'Adolphe Frederic I. & d'Anne Marie d'Ooſtfriſe, né 1623. Catholique 1663. † 1692.*

MECKLEMBURG - STRELITZ.

ADOLPHE FREDERIC III. *fils d'Adolphe Fred. II. Duc de Mecklemburg Guſtraw, né 1686.*

MAISON DE NASSAU.

JEAN FRANCOIS *de Naſſau Siegen, † 1699. Henri de Naſſau Dillem-
burg, né 1641. † 1701. Guillaume Maurice de Naſſau Siegen, † 1691.
Henri Caſimir de Naſſau Dietʒ, né 1697. † 1656. François Alexandre
de Naſſau Hadamar, né 1674. † 1711. Jean François de Naſſau fut
créé Prince d'Empire par l'Emp. Ferd. III. & avec lui tous les Comtes
de Naſſau Siegen, Dillembourg, Dietʒ & Hadamar.*

NASSAU - DIETZ.

HENRI CASIMIR *Prince de Naſſau Dietʒ, Stadthouder de Friſe, fils de
Guill. Frederic, & d'Albertine Agnés ſœur puinée de Guillaume II. cy
deſſus, † en 1696.*

NASSAU - IDSTEIN.

GEORGE AUGUSTE *fils de Jean Comte de Naſſau Idſtein & Wisbaden, né 1605. fait Prince de Naſſau 1688. † 1721.*

NASSAU - ORANGE.

MAURICE *Prince d'Orange, fils de Guillaume I. dit le Jeune, Comte de Naſſau, & d'Anne de Saxe ſa deuxieme femme, né 1567. Gouverneur des pays bas en 1587. † 1625.*

GUILLAUME II. *Prince d'Orange fils de Henri Fred. & d'Amalie de Solms, né 1626. Stadthouder de Hollande 1647. † 1650.*

NASSAU - WEILBURG.

CHARLES AUGUSTE *Prince de Naſſau Weilburg fils du Comte Jean Erneſt, & de Marie Polyxene de Leiningen Hartemburg, né 1685.*

MAI.

MAISON D' OOSTFRISE.

EDZARD II. *né 1532. † 1599. Chriſtophe né 1536. † 1566. & Jean, né 1538. † 1591. Tous 3 fils d'Ennon II. Comte d'Ooſtfriſe & d'Anne d'Oldembourg.*

ENNON III. *fils ainé d'Edzard II. Comte d'Ooſtfriſe & de Catherine fille de Guſtave I. Roi de Suede, né 1563. † 1625.*

MAISON PALATINE.

FREDERIC II. *dit le Sage, fils de Philippe l'Ingenu & de Marguerite de Baviere, né 1483. Elect. Palatin 1544. † 1556.*

JEAN CASIMIR *fils de l'Electeur Frederic III. dit le Pieux & de Marie d'Anspach frere puiné de l'Elect. Louis VI. dit le facile, né 1543. Administrateur de l'Electorat en 1584. † 1592.*

FREDERIC IV. *fils de Louis VI. dit le facile & d'Elisabeth de Hesse, né 1574. Electeur Palatin 1583. embrassa le Calvinisme † 1610.*

FRE-

FREDERIC V. *fils de Frederic IV. & de Louiſe Julienne d'Orange, né 1596. Elect. 1610. Roi titulaire de Boheme 1619. † 1632.*

CHARLES LOUIS *fils de Fred. V. & d'Eliſabeth fille de Jaques I. Roi d'Angleterre, né 1617. Elect. 1650. † 1680.*

CHARLES *fils de Charles Louis & de Charlotte de Heſſe Caſſel, né 1651. Elect. 1680. † le dernier de ſa branche, & ſon Epouſe Guilielmine Erneſtine fille de Frederic III. Roi de Dannemarck, née 1650. mariée 1671. † 1706.*

PALATINS DE BIRKENFELD.

ANNE SOPHIE *fille de George Guillaume. C. Palat. de Birkenfeld & de Dorothée de Solms Sonnewald, née 1619. Abbeſſe Proteſtante de Qued-limburg, † 1682.*

PALATINS DE DEUX PONTS.

JEAN *le Vieux fils de Wolfgang Duc de Deux Ponts & d'Anne fille de Philippe Landgrave de Heſſe, né 1550. † 1604.*

JEAN II. *fils de Jean le Vieux & de Magdelaine fille de Guillaume Duc de Juliers, né 1584. † 1635.*

PALATINS NEUBOURG.

WOLFGANG GUILLAUME *fils de Philippe Louis Palatin de Neubourg & d'Anne fille de Guillaume Duc de Juliers, né 1578. ſe fit Catholique 1614. † 1653.*

JEAN GUILLAUME *fils de Philippe Guillaume & d'Elifabeth Amalie de Heffe-Darmftadt, né 1658. Elect. Palatin 1690. † 1716.*

PALATINS SIMEREN.

JEAN II. *dit le jeune fils de Jean I. Comte Palatin de Simeren, & de Suzanne de Naffau Saarbruck, né 1486. † 1557.*

LOUIS HENRI *fils de Louis Philippe de Simeren, & de Marie Eleonore de Brandebourg, né 1640. † 1673. fans pofterité.*

PA-

PALATINS SULTZBACH.

CHARLES PHILIPPE THEODORE *de Sultzbach fils de Jean Chri-*
stian, & de Marie Anne fille & heritiere de François Egon Marquis de
Berg-op-zoom, né 1724. Elect. Palatin 1743.

PALATINS WELDENTZ.

GEORGE JEAN *Comte de Weldens de Lauterect & de Lutzelstein, fils de*
Rupert & d' Ursule Reingrave, né 1543. † 1592.

LEOPOLD LOUIS *fils de George Gustave Comte Palatin de Lutzelstein*
de Lauterect & de Weldens, né 1625. † 1694.

DUCS DE POMERANIE.

PHILIPPE JULES *fils d'Erneft Louis Duc de Wolgaft & de Sophie Hedwige de Brunſvich, né 1584. Coadjuteur de Camin 1622. † 1625.*

PHILIPPE II. *fils de Bogislas XIII. Duc de Barth & de Claire de Lunebourg, né 1573. † 1618.*

GEORGE III. *fils de Bogislas XIII. & de Claire de Brunſv. Luneb. né 1582. † 1617.*

BOGISLAS XIV. *frere puiné de Philippe II. dernier Duc de Pomeranie, né 1580. Eveque de Camin, 1622. † 1637.*

ULRIC *frere puiné de Bogislas XIV. né 1589. † 1622.*

MAISON DE SAXE.

BRANCHE ERNESTINE.

FREDERIC *le Sage fils ainé d'Ernest Electeur de Saxe & d'Elisabeth de Baviere, né 1463. Elect. 1486. † 1525. Albert le Courageux, frere puiné de l'Electeur Ernest, né 1443. † 1500. & Jean le Constant frere puiné de Frederic le Sage, né 1467. Electeur 1525. † 1532.*

JEAN *le Constant frere puiné de Frederic le Sage, né 1467. Electeur 1525. † 1532.*

JEAN FREDERIC I. *dit le Magnanime fils de Jean le Constant, & de Sophie de Mecklenbourg, né 1503. Elect. 1532. Prisonnier 1547. relaché 1552. † 1554.*

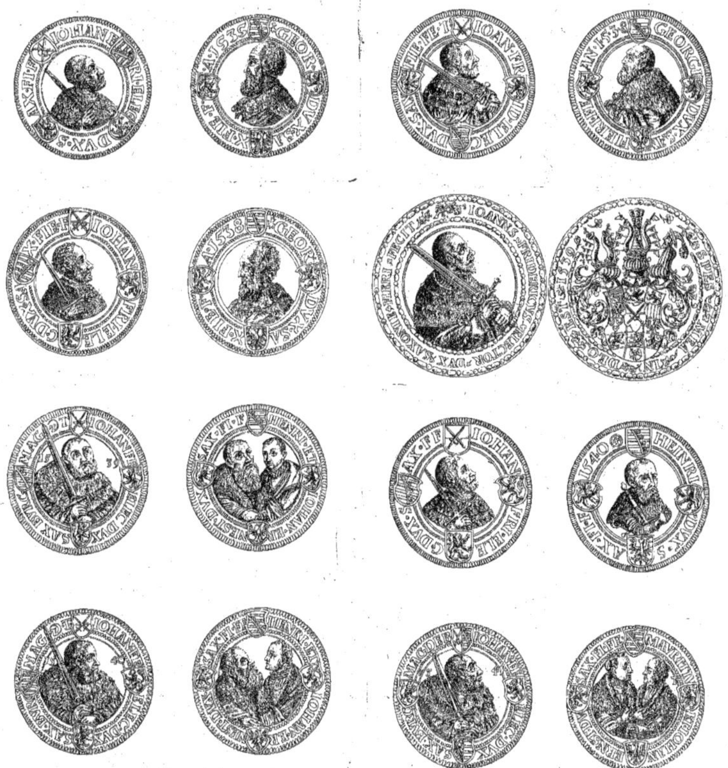

JEAN

JEAN FREDERIC II. *fils de Jean Frederic le Magnanime, & de Sybille de Cleves, né 1529. fait prisonnier 1567. † en prison 1595.*

JEAN CASIMIR *Duc de Coburg, né 1564. † 1633. & son frere puiné Jean Ernest Duc d'Eisenach, né 1566. † 1638. l'un & l'autre fils de Jean Frederic II. & d'Elisabeth fille de Frederic III. Elect. Palatin.*

BRAN-

BRANCHE ALBERTINE.

GEORGE *le Riche ou le Barbu fils d'Albert le Courageux, & de Zedene ou Sidonie fille de George Podiebrad Roi de Boheme, né 1471. † 1539.*

HENRI *le Pieux frere puiné de George le Riche, né 1473. † 1541.*

MAURICE *fils de Henri le Pieux & de Catherine de Mecklenburg, né 1521. Elect. 1547. † 1553.*

AUGUSTE *fils puiné de Maurice, ne 1526. Elect. 1553. † 1586.*

CHRISTIAN I. *fils d'Auguste & d'Anne fille de Christian III. Roi de Dannemarck, né 1560. Elect. 1586. † 1591.*

CHRISTIAN II. *né 1583. Elect. 1591. † 1611.*

JEAN GEORGE I. *frere puiné de Chriſtian II. né 1585. Elect. 1611.* † *1656.*

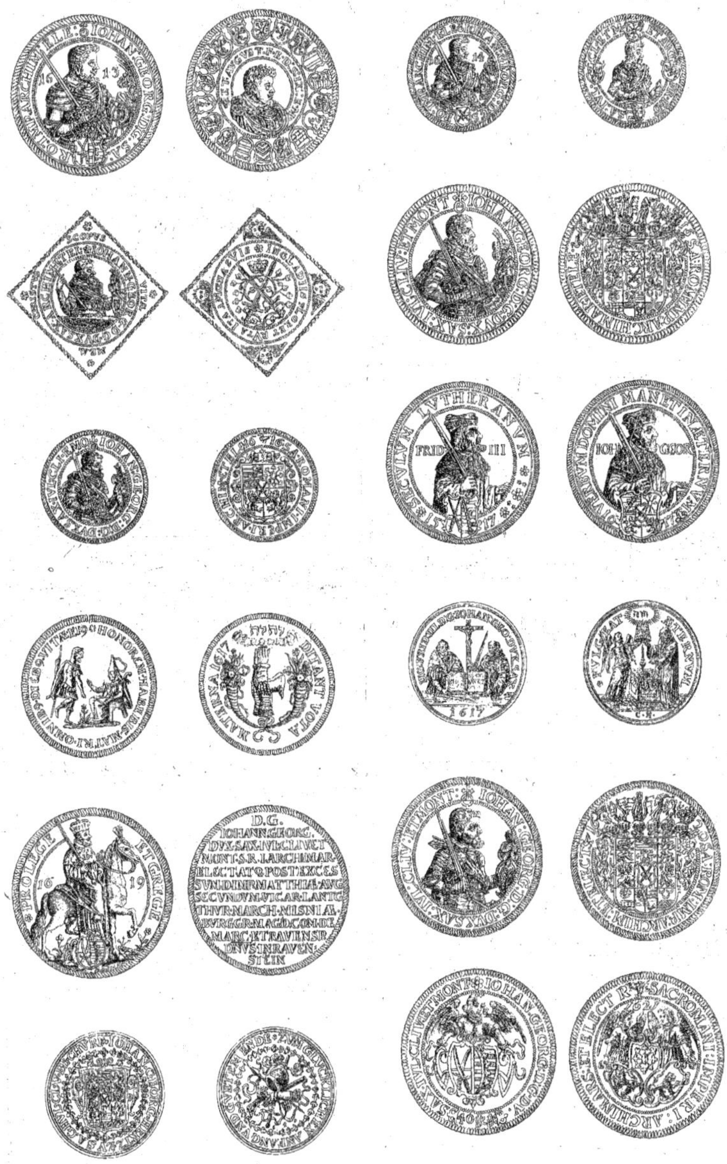

MONNOIE *funebre de Magdelaine Sybille de Brandebourg II.ᵉ femme de l'E-lecteur Jean George I. née 1586. mariée 1607. † 1659.*

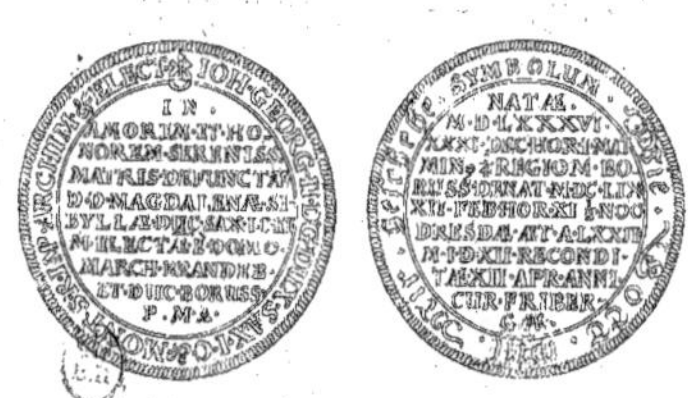

MONNOIE *funebre d'Augufte frere de Jean George I. né 1589. † 1615.*

DOROTHÉE *fille de Chriftian I. & fœur puinée des Electeurs Chriftian II. & Jean George I. née 1591. Abbeffe de Quedlimbourg 1610. † 1617.*

JEAN GEORGE II. *fils de Jean George I. & Magdelaine Sybille de Brandeb. Pruffe, né 1613. Elect. 1656. † 1680.*

MAG-

MAGDELAINE SYBILLE *de Brandeb. Bareith, femme de l'Electeur Jean George II. née 1612. mariée 1638. † 1687.*

JEAN GEORGE III. *fils de Jean George II. & de Magdelaine Sybille de Bareith, né 1647. Elect. 1680. † 1691.*

MONNOIE *funebre d'Anne Sophie fille de Frederic III. Roi de Dannemarck & femme de l'Electeur Jean George III. née 1647. mariée 1666. † 1717.*

JEAN

JEAN GEORGE IV. *fils de Jean George III. & d'Anne Sophie de Dannemarck, né 1668. Elect. 1691. † 1694.*

FREDERIC AUGUSTE I. *dit Auguste II. frere puiné de Jean George IV. né 1670. Elect. 1694. elu Roi de Pologne 1697. † 1733.*

MONNOIE *funebre de Chriſtienne Evrardine de Brandeb. Bareith, née 1671. mariée 1693. † 1727.*

FREDERIC AUGUSTE II. *dit* **III.** *fils de Frederic Aug.* **I.** *dit* II. & de Chriſtienne Evrardine de Bareith, né 1696. Elect. 1733. Elu Roi de Pologne la même année.*

SAXE - ALTEMBOURG.

FREDERIC GUILLAUME I. *fils de Jean Guill. Duc de Saxe Weimar, & de Dorothée Susanne fille de Frederic III. Elect. Palatin. né 1562. reçut Altembourg 1573. † 1602.*

JEAN PHILIPPE *né 1597. † 1639. & son frere puiné Frederic, né
1599. tué 1625. Jean Guill. frere puiné de Frederic, né 1600. † 1632.
& Frederic Guill. frere puiné de Jean Guill. né 1603. † 1669. tous 4
fils de Frederic Guill. I. & d'Anne Marie de Neubourg.*

FREDERIC GUILLAUME II. *le 4ᵉ des freres cy deſſus, né 1603. ſucceda à ſon frere Jean Philippe 1639. † 1669.*

MAGDELAINE SYBILLE *3e. fille de Jean George I. Elect. de Saxe, &*
de Magdelaine Sybille de Brandeb. Pruſſe, née 1617. mariée à Frederic
Guill. II. Duc de Saxe Altembourg 1652. † 1668.

FREDERIC GUILLAUME III. *dernier Duc de Saxe Altembourg fils*
de Frederic Guill. II. & de Magdelaine Sybille de Saxe, né 1657. † ſans
poſterité 1672.

SAXE - COBOURG.

ALBERT *le 2e. des 7 fils d'Erneſt le Pieux, & d'Eliſabeth Sophie de Saxe*
Altembourg, né 1648. fait Duc de Cobourg 1680. † 1699.

SAXE - EISENACH.

JEAN ERNEST *Duc de Saxe Eiſenach fils de Frederic II. Duc de Saxe*
Gotha, & d'Eliſabeth fille de Frederic III. Elect. Palatin, né 1566. †
1638.

JEAN GEORGE II. *fils de Jean George I. Duc de Saxe Eifenach &*
de Jeannette de Sayn, né 1669. † 1698.

JEAN GUILLAUME *frere puiné de Jean George II. cy deffus, né 1666.*
† 1729.

S A X E - **EISENBERG.**

CHRISTIAN *Duc de Saxe Eifenberg le 5.e des fils d'Erneft le Pieux, né*
1653. † 1707.

MONNOIE *funebre de Chriftine fille de Chriftian Duc de Saxe Merfeburg,*
& de Chriftine de Holftein Glucksburg femme de Chriftian cy deffus, née
1659. mariée 1677. † 1679.

SAXE

SAXE-GOTHA.

ERNEST *le Pieux Duc de Saxe Gotha fils de Jean Duc de Saxe Weimar, & de Dorothée Marie d'Anhalt, ne 1601. † 1675.*

FREDERIC I. *fils ainé d'Erneſt le Pieux Duc de Saxe Gotha, & d'Eliſa-beth Sophie de Saxe Altenburg, né 1646. ſucceda 1675. † 1691.*

MAGDELAINE SYBILLE *premiere femme de Frederic I. cy deſſus fille ainée d'Auguſte Duc de Saxe Hall Weiſſenfels, & d'Anne Marie de Mecklembourg, née 1648. mariée 1669. † 1681.*

FREDERIC II. *né 1676. † 1732. & Jean Guillaume, né 1677. † à Tou-lon 1707. l'un & l'autre fils de Frederic I. Duc de Saxe Gotha, & de Magdelaine Sybille de Saxe Hall, & leurs Oncles paternels & Tuteurs Bernard Duc de Saxe Meinungen & Henri Duc de Saxe Römhild.*

SOPHIE *fille ainée de Frederic II. & de Magdelaine Auguste d'Anhalt Zerbst, née l'an 1697. † 1703.*

SAXE - **JENA.**

MARIE *femme de Bernard Duc de Saxe Jena, & fille de Henri de la Tre-mouille Duc de Thouars, née 1633. mariée 1662. † 1682.*

JEAN GUILLAUME *fils de Bernard Duc de Saxe Jena & de Marie de la Tremouille cy deffus, né 1675. † 1690.*

SAXE - **LAWENBURG.**

FRANCOIS II. *fils de François I. & de Sybille fille de Henri le Pieux Duc de Saxe, né 1547. † 1619.*

JULES FRANCOIS *dernier Duc de Saxe Lawenburg fils de Jules Henri, & d'Anne Magdelaine de Lobkovitz, né 1741. † 1689.*

SAXE - MEINUNGEN.

BERNARD III. *Duc de Saxe Meinungen 3ᶜ fils d'Erneſt le Pieux Duc de Saxe Gotha, né 1649. † 1706.*

MONNOIE *funebre de Marie Hedwige fille de George II. Landgrave de Heſſe Darmſtadt premiere femme de Bernard cy deſſus, née 1647. mariée 1671. † 1680.*

SAXE - RÖMHILD.

HENRI *4ᶜ fils d'Erneſt le Pieux Duc de Saxe Gotha & de Magdelaine Sybille de Saxe Hall, né 1650. † 1710.*

SAXE - SAALFELD.

JEAN ERNEST VIII. *Duc de Saxe Saalfeld 7ᶜ fils d'Erneſt le Pieux, né 1658. † 1729.*

SAXE - **WEIMAR.**

JEAN GUILLAUME *fils de l'Electeur Jean Frederic I. & de Sybille
fille de Jean III. Duc de Cleves, né 1530. † 1573.*

JEAN *fils de Jean Guillaume & de Dorothée Susanne fille de Frederic III.
Elect. Palatin, né 1570. succede 1573. † 1605.*

JEAN

JEAN ERNEST *le jeune né 1594. † 1626. & ses 7 freres Tiges de di-*
verses Branches de la Maison de Saxe & surtout de celle de Weimar,
tous fils de Jean Duc de Saxe Weimar & de Dorothée Marie
d'Anhalt.

MONNOIE *funebre de Dorothée Marie, fille de Joachim Ernest Prince*
d'Anhalt, Mere des 8 freres cy dessus, née 1574. † 1617.

MONNOIES *communes de Jean Ernest & de ses freres.*

MONNOIE *funebre de Frederic III. frere puiné de Jean Erneſt cy deſſus,*
né 1596. † 1622.

BERNARD *Duc de Saxe Weimar, le dernier des 8 freres cy deſſus, né*
1604. † 1639.

GUILLAUME IV. *le 5.ᵉ des 8 freres cy deſſus né 1598. † 1662. ſur*
la mort de ſon fils Jean Guillaume, né 1630. † 1639.

JEAN ERNEST *fils de Guillaume, & d'Eleonore Dorothée fille de Jean George Prince d'Anhalt, né 1627. † 1683.*

GUILLAUME ERNEST *fils de Jean Ernest Duc de Saxe Weimar, & de Christine Elisabeth de Holstein Sunderburg, né 1662. † 1728.*

MONNOIES *communes des Ducs de Saxe Weimar frappées à l'occasion des Mines du Comté de Henneberg.*

SAXE - **WEISSENFELS.**

AUGUSTE *Tige des Ducs de Saxe Weiſſenfels fils de l'Electeur Jean George
I. & de Magdelaine fille d'Albert Freder. Margrave de Brandeb. né 1614.
Adminiſtrateur de Magdeb. 1628. † 1680.*

MONNOIE *funebre d'Anne Marie fille d'Adolphe Frederic Duc de Mecklem-burg Schwerin, femme d'Augufte Duc de Saxe Weiffenfels, née 1627. mariée 1647. † 1669.*

MONNOIE *funebre de Jeanne Magdelaine de Saxe Altenburg femme de Jean Adolphe fils ainé d' Augufte cy deffus, née 1656. mariée 1671. † 1686.*

ALBERT *fils d' Augufte & d'Anne Marie de Mecklemburg, né 1659. † Ca-thol. 1692.*

SAXE - ZEITZ.

MAURICE *fils de l' Elect. Jean George I. né 1619. Adminiftrat. de Naum-burg 1650. † 1681.*

MAISON DE WIRTEMBERG.

ULRIC *fils de Henri & d'Elisabeth des deux ponts ne 1487. Lutherien l'an 1536. † 1550.*

FREDERIC *fils de George & de Barbe de Hesse Cassel né l'an 1557. † 1608.*

WIRTEMBERG - MONBELIARD.

LOUIS FREDERIC *Tige de la Maison de Wirtemberg Monbeliard fils puiné de Frederic & de Sybille d'Anhalt, né 1586. † 1631.*

WIRTEMBERG - NEUSTÄDT.

CHARLES RODOLPHE *fils de Frederic Duc de Wirtemb. Neuſtädt & de Claire Auguſte de Brunſvich, né l'an 1667. adminiſtrateur du Duché juſqu'à l'an 1737.*

WIRTEMBERG - OELS.

SYLVIUS FREDERIC *fils de Sylvius Nimrod & d'Eliſabeth Marie fille & heritiere de Charles Frederic dernier Duc de Munſterberg & d'Oels en Sileſie, né 1651. † 1697.*

JULES SIGISMOND *frere puiné de Chriſtian Ulric cy deſſus né 1653. eut Juliusburg en partage. † 1684.*

MONNOIE *funebre d'Eliſabeth Marie fille & Heritiere de Charles Frederic dernier Duc de Munſterberg & d'Oels née 1625. mariée à Sylvius Nimrod 1647. † 1686.*

CHRISTIAN ULRIC *Duc de Bernſtadt frere puiné de Sylvius Frederic & ſon Heritier né l'an 1652. † 1704.*

CHARLES FREDERIC *Duc de Wirtemberg de Munſterberg & d'Oels, fils ainé de Chriſtian Ulric & de ſa 2ᵉ femme Sybille Marie de Sax Merſeburg né 1690.*

WIRTEMBERG - ## STUDTGART.

JEAN FREDERIC *Tige de la ligne de Wirtemb. Studtgart fils de Frederic & de Sybille d'Anhalt, né 1585. † 1628.*

GUILLAUME LOUIS *fils d'Evrard III. & d'Anne Dorothée Rhin-grave, né 1647. † 1677.*

EVRARD LOUIS *fils de Guillaume Louis & de Magdelaine Sybille de Hesse Darmstadt, né 1676. succeda 1693. † 1737.*

CHARLES EUGENE *fils de Charles Alexandre & de Marie de la Tour Taxis, né 1728.*

PRINCES INFERIEURS
COMTES ET BARONS DE L'EMPIRE.

AREMBERG.

MARGUERITE *fille & Heritiere de Robert II. Comte de la Marck Seigneur d'Aremberg & de Sedan, porta la terre d'Aremberg ou Arburg dans la Maison de Ligne par son Mariage avec Jean de Ligne Baron de Barbançon en 1547. † 1596.*

CHARLES EUGENE *fils de Philippe Duc d'Aremberg & d'Aschot, & de Marie Cleophée de Hohenzollern, né 1633. † 1681.*

AUERSPERG.

JEAN WEICHARD *fils de Theodoric Comte d'Auersperg & de Sidonie de Gallenstein, né 1615. Grand Maitre de la Cour de l'Archiduc Ferdinand IV. Prince d'Empire 1653. Duc de Munsterberg 1664. † 1677.*

BERG · OP · ZOOM.

GUILLAUME III. *fils d'Oftwalde Comte de Berg-op-zoom † 1586.*

HERMAN FREDERIC *fils de Guillaume III. & de Marie de Naſſau né 1558. † 1611.*

FREDERIC *frere puiné de Hermann né 1559. † 1618.*

BERNSTEIN.

JEAN *Baron de Bernſtein & de Helffenſtein.*

DIETRICHSTEIN.

SIGISMOND *fils cadet de Pancrace Baron de Dietrichſtein en Carinthie, né 1484. † 1538.*

 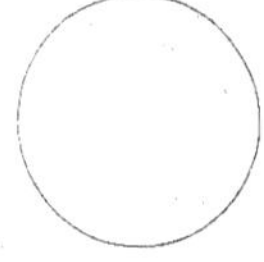

SIGISMOND LOUIS *Comte de Dietrichſtein Baron de Hollenburg de la ligne de Weichſelſtadt, † 1698.*

SIGISMOND HELFRID *Comte de Dietrichſtein de la ligne de Weichſel-ſtadt fils de Sigismond Louis & d'Anne Marie Comteſſe de Meggau, † 1698.*

CHARLES LOUIS *fils de François Adam Comte de Dietrichſtein & de Marie Roſine de Trautmansdorff, † 1732.*

  FER-

FERDINAND *Prince de Dietrichstein fils de Maximilien, né 1636. reçut de l'Empereur Leopold la Seigneurie de Trasp dans les Grisons l'an 1686. † 1698.*

E G G E N B E R G.

JEAN ULRIC *Baron d'Eggenberg fils de Sigfrid & de Benigne de Gallenstein né 1568. fait Prince d'Empire 1623. † 1634.*

JEAN ANTOINE *Prince d'Eggenberg Duc de Crumlau, fils de Jean Ulric né 1610. † 1640.*

JEAN CHRISTIAN *Prince d'Eggenberg né l'an 1641. † 1710. & son frere puiné Jean Seifried né l'an 1644. † 1613. l'un & l'autre fils de Jean Antoine & d'Anne Marie de Bareith.*

EHREN-

EHRENFELS.

THOMAS *de Schavenſtein Baron d'Ehrenfels.*

GEORGE PHILIPPE *de Schavenſtein libre Baron d'Ehrenfels dans les Griſons.*

ERPACH.

MONNOIE *commune de Louis Comte d'Erpach † 1643. & de ſon frere puiné Jean Albert † 1647. fils de Louis & de Julienne de Waldeck.*

FRIEDBERG.

MONNOIES *des Burgraves de Friedberg en Weteravie.*

F U G G E R.

MAXIMILIEN FUGGER *libre Baron de Kirchberg & de Wafferburg Seign. de Rab, né 1587. † 1629.*

FRANCOIS ERNEST *fils de Chriftophe Rodolphe Comte de Fugger Kirchheim, né 1648. † 1711.*

F U R S T E M B E R G.

EGON *fils puiné de Frederic Comte de Furftemberg de la ligne de Werden-berg & d'Elifabeth de Sultz, né 1588. † 1635.*

HER-

HERMAN EGON *fils puiné d'Egon cy deſſus & d'Anne Marie de Hohen-*
zollern né 1627. Prince d'Empire 1667. † 1674.

MONNOIE *Mineralogique de Joſeph Guillaume Erneſt fils de Proſper*
Ferdinand Comte de Furſtemb. & d'Anne Sophie de Königseck Rothen-
fels, né 1699. fait Prince d'Empire en 1716.

GRONSFELD.

GUILLAUME *fils de Herman Comte de Bronchoſt & de Cronsfeld Baron*
de Battemburg, † 1573.

JEAN II. *frere puiné de Jodoc 1. Comte de Gronsfeld † 1617.*

MONNOIE *commune des Comtes de Gronsfeld.*

HAN-

HANAU.

PHILIPPE LOUIS II. *fils de Philippe Louis I. Comte de Hanau de la ligne de Munſterberg, né l'an 1576. † 1612.*

CATHERINE *Belgique Comteſſe de Hanau fille de Guillaume premier Prince d'Orange, & de Charlotte de Bourbon Montpenſier, Mariée à Philippe Louis Comte de Hanau l'an 1596. † 1612.*

JEAN REINHARD I. *fils de Philippe V. Comte de Hanau Lichtemberg & de Marguerite Louiſe Comteſſe de Bitſch & d'Ochſenſtein, né 1568. † 1625.*

PHILIPPE MAURICE *fils de Philippe Louis & de Catherine Belgique, né 1605. † 1638.*

FREDERIC CASIMIR *fils de Philippe Wolfgang Comte de Hanau & de Jeanne d'Oettingen, né 1623. † 1685.*

PHILIPPE REINHARD *fils de Jean Reinhard Comte de Hanau & d'Anne Magdelaine de Birckenfeld, né 1664. † 1712.*

HATZFELD.

SEBASTIEN *fils de Guillaume Comte de Hatzfeld dans le Cercle du haut Rhin & de Gleichen en Thuringe.*

MELCHIOR *Comte de Hatzfeld & Gleichen l'an 1639. fils de Sebaftien & de Lucie Sickingen, † 1658.*

HENNEBERG.

GUILLAUME VII. *Comte de Henneberg Schleuſſingen né 1478. † 1559.*

GEORGE ERNEST *fils de Guillaume VII. Comte de Henneberg Schleuſ-*
ſingen & d'Anaſtaſie de Brandebourg, né 1511. † 1583.

HOHENLOE.

CHARLES AUGUSTE *fils de Fred. Eberhard Comte de Hohenloe Kirch-*
berg & de Frederique Albertine Comteſſe d'Erpach Fuſtenau né 1707.

MONNOIE *commune des Comtes de Hohenloe de la Ligne de Langenburg.*

PHILIPPE ERNEST *Comte de Hohenloe Langenburg 7.ᵉ fils de Wolf-*
gang & de Magdelaine de Naffau, né 1585. † 1629.

MON NOIE *commune aes Comtes de Hohenloe.*

MONNOIE *des 6 freres, Comtes de Hohenloe Louis, Philippe, Chriftian,*
Charles, Henri & Augufte.

WOLFGANG JULES *fils de Crato Comte de Hohenloe Nevenftein né*
l'an 1622. † 1698.

JEAN FREDERIC *Comte de Hohenloe Oeringen fils de Crato & de So-*
phie de Birckenfeld né l'an 1617. † 1702.

LOUIS GUSTAVE *9 fils de George Frederic Comte de Hohenloe Schil-*
lingsfurst, & de Dorothée Sophie de Solns né l'an 1634. † 1697.

CHARLES LOUIS *Comte de Hohenloe Weichersheim fils de Jean Fred.*
né l'an 1674.

HOHNSTEIN.

WOLCKMAR *† l'an 1567. & Wolfgang son frere puiné † 1580. l'un &*
l'autre fils d'Ernest Comte de Hohenstein & d'Anne de Bentheim.

ERNEST VII. *fils de Wolckmar cy dessus & de Marguerite de Barbi, †*
l'an 1593.

HORN.

PHILIPPE *de Montmorency II. Seigneur de Nivelle, Comte de Horn & de Mœurs, fils de Joseph de Montmorency & d'Anne d'Egmont, decapité à Bruxelles par ordre du cruel Duc d'Albe le 5 Juin 1568.*

JEVERN.

MARIE *Derniere Heritiere de Jevern d'Oftringen, Küftringen Wangerland & de Kniphaufen née 1500. † 1575. apres avoir inftitué pour heritier Jean XVI. Comte d'Oldenburg.*

LEUCH-

LEUCHTENBERG.

GEORGE *Landgrave de Leuchtenberg fils de Jean, & de Marguerite de Schwartzburg, † l'an 1552.*

LICHTENSTEIN.

CHARLES *Seigneur de Lichtenstein fils de Hartman IV. & de Anne Marie Comtesse d'Ortemburg, créé Prince de Lichtenstein par l'Emp. Rodolphe II. l'an 1618. & ensuite Duc de Troppau & de Jägerndorff en Silesie, † l'an 1627.*

JEAN ADAM *Prince de Lichtenstein fils d'Antoine Florian, & d'Eleonore Barbe de Thun né l'an 1690. † 1732.*

LIPPA.

PURIANUS *Trezka de Lippa ad Selazavam.*

LIPPE.

SIMON VII. *fils de Simon VI. Comte de Lippe & d'Elisabeth de Schauenburg, né 1588. † 1627.*

HERMAN ADOLPHE *Comte de Lippe fils d'Etmond & d'Anne Catherine de Naffau † 1666.*

PHILIPPE *Tige des Comtes de Lippe Buckeburg 5.ᵉ fils de Simon VI. & d'Elifabeth de Schauenburg, né 1601. † 1681.*

SIMON HENRI *fils de Herman Adolphe Comte de Lippe d'Etmold & d'Erneftine d'Ifenburg Offenbach, né 1648. † 1697.*

FREDERIC ADOLPHE *fils de Henri cy deffus & d'Amalie de Dohna, né 1667. † 1718.*

SIMON

SIMON HENRI II. *fils de Frederic Adolphe & de Jeanne Elisabeth de Naffau Dillinburg, né 1694. †*

ALBERT WOLFGANG *fils de Frederic Chriftian Comte de Lippe Buckeburg & de la Scavante Jeanne Sophie Comteffe de Hohenloe Langenburg, né 1699. † 1730.*

L O E W E N S T E I N.

EUCHAIRE CASIMIR *Comte de Löwenftein Wertheim de la Branche de Virneburg, fils de Louis Erneft & de Catherine Elifabeth fille d'Erneft Comte de Sain. né 1668. † 1698.*

JEAN THEODORIC *Tige des Comtes de Lœwenftein Wertheim Rochefort, né 1588. † 1644.*

MAXIMILIEN CHARLES *Comte de Lœwenstein de la Branche de Rochefort, fils de Ferdinand Charles & d'Anne Marie de Furstemberg, né 1656. fait Prince 1711. † 1718.*

CHARLES THOMAS *fils de Dominique Marquard Prince de Lœwenstein Wertheim & de Christine Francoise Polyxene de Hesse Wanfried, né 1714.*

M A N S F E L D.

MONNOIE *commune des Comtes de Mansfeld.*

GEBHARD VII. *fils d'Erneft I. né 1478. † 1558. & fes petits neveux Jean George Tige de la Branche de Mansfeld Eisleben, né 1515. † 1579. & fon frere puiné Pierre Erneft Tige de la Branche de Mansfeld Friedborn, né 1517. † 1604. l'un & l'autre fils d'Erneft II. & de Dorothée Comteffe de Solms.*

CHRISTOPHE II. *Tige de la Branche de Mansfeld Schrapelau fils de Gebhart VII. & de Marguerite de Gleichen, né 1520. † 1591.*

HENRI II. *fils de Chriftophe II. Comte de Mansfeld Schrapelau né 1554. † 1602.*

ALBERT VII. *frere puiné de Gebhart VII. né 1480. profcrit par l'Empereur Charles V. 1547. † 1560.*

 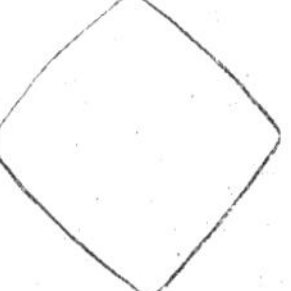

ERNEST VI. *né 1556. † 1609. son frere puiné Freder. Christophe, né 1554.
† 1631. l'un & l'autre fils de Jean I. Comte de Mansfeld & de Marguerite de Brunsv. & leur Cousin Germain David fils de Wolrath I. &
de Barbe de Reuss, né 1571. † 1628.*

CHRISTIAN FREDERIC *fils d'Ernest VI. né 1615. † 1666.*

FREDERIC CHRISTOPHE *Comte de Mansfeld Seigneur de Eldrungen
de Seburg & de Schrapelau † 1631.*

WOLRATH V. *† 1578. son frere aine Jean † 1567. & son frere cadet
Charles † 1594. tous les trois fils d'Albert VII. & d'Anne de
Hohenstein.*

 DA-

DAVID *fils de Wolrath V. né 1571. † 1628.*

ERNEST II. *fils d'Albert V. Comte de Mansfeld † 1530 son frere ainé
Hoyer V. † 1540. & leurs Cousins germains Gebhart VII. † 1558. &
Albert VII. † 1560.*

BRUNO II. *† 1615 & Guillaume son Cousin germain de la ligne d'Arnstein
† 1626.*

JEAN GEORGE I. *Tige de la branche de Mansfeld Eisleben, & un des 22.
enfants d'Ernest II. † 1579. son frere puiné Pierre Ernest Tige de la
branche de Mansfeld Friedborn † 1604. & Christophe II. Comte de
Mansfeld Schrapelau, né 1520. † 1591.*

JODOCUS ou JOBST II. *fils de Jean George I. Comte de Mansfeld Eisleben, né 1558. † 1619.*

JEAN GEORGE II. *fils de Jobst II. Comte de Mansfeld Eisleben, né 1593.*
† 1647.

PIERRE ERNEST *frere puiné de Jean George II. Jean Albert Tige de la
branche d'Arnstein, & son frere Jean Hoyer II. tige de la Branche d'Artern † 1585. Bruno II. leur neveu de la Branche de Bornstädt † 1516.
& Hoyer Christophe autre neveu de la ligne d'Eisleben † 1587.*

WOLRATH VI. *de la ligne d'Artern fils de Jean Hoyer II. & petit fils
d'Ernest II. † 1627. Jobst II. de la ligne d'Eisleben † 1619. Wolfgang III. de la ligne de Bornstett & son frere Bruno III. Tige de la
Branche des Princes de Mansfeld † 1644.*

PHILIPPE ERNEST *frere puine de Wolrath VI. Comte de Mansfeld de
la Branche d'Artern, né 1560 † 1631.*

FRANCOIS MAXIMILIEN † *1692. & son frere Cadet Henri François premier Prince de Mansfeld & de Fondi, epousa 1679. Marie Louise d'Aspremont Veuve de Charles IV. Duc de Lorraine, † 1715.*

MONTFORT.

WOLFGANG *Comte de Montfort Bregents fils de Jaques & de Chaterine Fugger,* † *1607.*

ANTOINE *Comte de Montfort Bregents, né l'an 1670.*

HUGO *fils de Jean & de Sybille Fugger* † *1662. & son fils Jean II.* † *1686.*

JEAN II. *fils de Hugo & de Jeanne Euphrosine de Truchses Wolseeck.*
† *1686.*

ERNEST *fils d'Antoine Comte de Montfort, & de Marie Anne Maximilie-*
ne Comtesse de Thun, né 1700.

NOSTITZ.

ANTOINE JEAN *Comte de Nostitz fils de Jean Hartwich Comte de No-*
stitz & de Reineck Burgrave d'Egra de la ligne de Tschochau.

OETTINGEN.

CHARLES WOLFGANG † *en 1549. son frere puiné Louis XV.*
† *1557. fils de Wolfgang le Beau Comte d' Oettingen Wallerstein.*

LOUIS EBERHARD *fils de Gottfried Comte d' Oettingen & de Barbe fille de Wolfgang Comte Palatin des 2. Ponts, né l'an 1577.* †

ALBERT ERNEST I. *fils de Joachim Ernest Comte d' Oettingen & d' Anne Dorothée de Hohenloe, né 1642. fait Prince d'Empire 1674.* † *1683.*

WOLFGANG IGNACE *Comte d'Oettingen Wallerſtein, né 1629. Plenipo-*
tentiaire au Traité de Carlowitz en 1700. † 1708.

IGNACE *frere puiné de Wolfgang Ignace, né 1642. † 1723.*

OLDENBURG.

ANTOINE *Gunther dernier Comte d'Oldenburg & de Delmenhorſt, Seigneur*
de Jevern & de Kniphauſen fils de Jean XVI. né l'an 1583. † 1667.

ORTEMBOURG.

CHRISTOPHE *Cardinal de Vidman Comte d'Ortembourg en Carinthie fils de Jean Vidman Facteur du Comptoir d'Allemagne à Venise † 1660.*

PALFFY.

MONNOIE *funebre de Marie Fugger Comtesse de Palffy † 1646.*

RECHEIM.

MONNOIE *de Barons aujourd'hui Comtes de Recheim au dessous de Mastricht apartenant à la maison d'Aspremont.*

REUSS·

REUSS.

MONNOIE *Commune des Comtes de Reuff & de Plauen.*

HENRI *Poftume fils de Henri le jeune Comte de Reuff & de Plauen, né 1572. † 1635.*

HENRI II. *Comte de Reuff & de Plauenburk, né 1575. †. 1639.*

MAXIMILIENE *de Hardegg femme de Henri Ier. Comte de Reuff, mariée 1677. † 1678.*

HENRI

HENRI I. *Comte de Reuff & de Plauen de la ligne de Schlaiff, né 1639.*
† 1692.

HENRI *le Vieux de la ligne d'Obergratz Comte de Reuff, fils de Henri IV.*
& de Julienne Reingrave, né 1627 † 1681.

HENRI VI. *fils de Henri le Vieux & de Sybille Magdelaine de Kirchberg*
Comte de Reuff & de Plauen de la Branche d'Obergratz, né 1649. tué a
la Bataille de Zenta 1697.

SAYN WITTGENSTEIN.

JEAN *fils de Louis Comte de Sayn Wittgenftein & de Julienne de Solms*
Braunfels, né 1601. † 1657.

GUSTAVE *le 4.ᵉ des 18. Enfans de Jean Comte de Sayn Wittgenftein, né*
1633 † 1701.

GEORGE GUILLAUME *fils de Louis Caſimir Comte de Sayn Bern-*
burg & d'Eliſabeth Julienne de Naſſau Saarbruck, † *1684.*

SCHLICK.

ETIENNE & *ſes freres fils de Gaſpar Comte de Schlick Schlacken Werda,*
† *1526.*

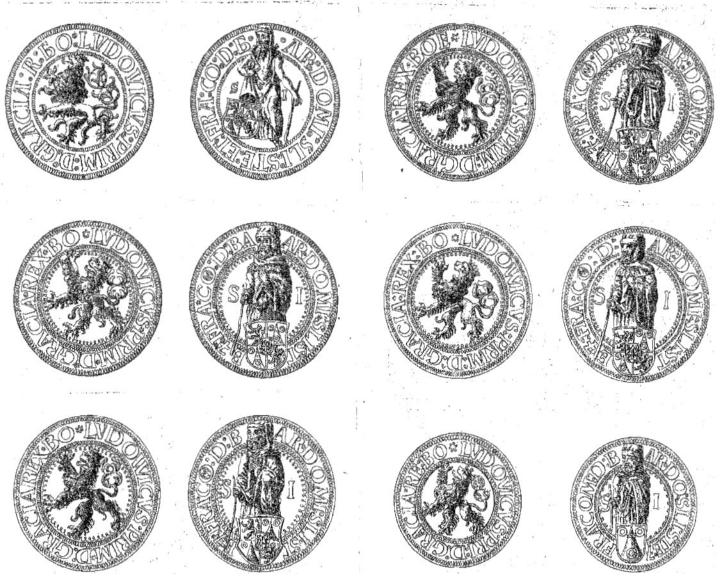

HENRI *fils de George Etienne de Schlick Comte de Paſſan.*

FRANCOIS ERNEST *fils de Henri Comte de Schlick & de Anne Marian-*
ne de Salm Neuburg † 1675.

FRANCOIS JOSEPH *fils ainé de François Erneſt, né 1656.*

SCHWARTZBOURG.

HENRI *fils de Gunther & Catherine de Querfurt né 1473. † 1526.*

GUNTHER † *1643. Antoine Henri* † *1638. fils de Jean Gunther Comte
de Schwartzbourg de la ligne d'Arenstett. Charles Gunther. Jean Gunther II.* † *1631. Christian Gunther* † *1642. Louis Gunther* † *1646. &
Albert Gunther* † *1634. tous 7. Cousins germains tant de la ligne des
Comtes de Schwartzbourg Sondershausen que de celle de Rudelstett.*

CHARLES GUNTHER *fils ainé d'Albert Comte de Schwartzbourg Ru-
delstädt & de Julienne de Nassau Dillenburg, né 1576.* † *1630.*

ANNE SOPHIE *femme de Charles Gunther, fille de Joachim Ernest d'Anhalt, & d'Eleonore de Wirtemberg, née 1584. mariée 1613.* † *1652.*

ANTOINE HENRI *fils puiné de Jean Gunther mentionné cy deſſus, né 1571. † 1638.*

ANNE *6ᵉ fille de Jean Gunther Comte de Schwartzbourg Arnſtädt, née 1574. † 1640.*

LOUIS GUNTHER *2ᵉ fils d'Albert Comte de Schwartzbourg Rudelſtadt & de Julienne de Naſſau Dillenburg, né 1581. † 1646.*

EMILIE *fille d'Antoine II. Comte de Delmenhorſt & d'Eliſabeth de Brunsvich Danneberg, née 1614. mariée à Louis Gunther Comte de Schwartzbourg Rudelſtädt 1638. † 1670.*

ANTOINE GUNTHER I. *Comte de Schwartzbourg Sonderhauſen, fils puiné de Jean Gunther, né l'an 1620. † 1666.*

CHRISTIAN GUILLAUME *né 1647. elevé à la dignité de Prince d'Empire 1697. † 1721. & son frere puiné Antoine Gunther II.*

ANTOINE GUNTHER II. *fils puiné d'Antoine Gunther I. Comte de Schwartzbourg Sondershausen, né 1653. prit le titre de Prince 1709. † 1716.*

LOUIS GUNTHER *d'Ebeleben 3.ᵉ fils de Christian Gunther Comte de Schwartzbourg & d'Anne Sybille de Schwartzbourg Rudelstadt, né 1621. † 1680.*

GUILLAUME LOUIS *fils puiné de Louis Freder. Prince de Schwartzbourg Rudelstadt & d'Anne Sophie de Saxe Gotha, né 1696.*

SCHWARTZEMBERG.

FERDINAND GUILLAUME *Eufebe Prince de Schwartzemberg fils de Jean Adolphe & de Juftine Marie de Staremberg, né 1652. † 1703. & fon Epoufe Marie Anne de Sultz Landgrave de Kletgaw, Mariée 1674. † 1698.*

ADAM FRANCOIS CHARLES *Prince de Schwartzemberg fils de Ferdinand Guillaume & de Marie Anne cy deffus, né 168 - - tué par accident 1732.*

JOSEPH ADAM JEAN *fils d'Adam François Prince de Schwartzemberg & d'Eleonore Amelie Magdel. de Lobkowitz, né 1722.*

SOLMS.

GUILLAUME *Tige des Comtes de Solms Bronfels Greiffenſtein, né 1507.
& ſon frere puiné Reinhard Tige des Comtes de Solms Bronfelshungen,
né 1573. † 1630. l'un & l'autre fils de Philippe Iᵉʳ & d'Anne heritiere
de Tecklenbourg.*

PHILIPPE REINHARD *fils de Herman Adolphe Comte de Solms Lich
& de Hohenſolms & d'Anne-Sophie de Mansfeld, né 1593. † 1636.*

GUILLAUME MAURICE *fils de Guillaume Comte de Solms Greiffenſtein né 1651. † 1724.*

FREDERIC *Magnus fils ainé de Freder. Erneſt Comte de Solms Beruth
Wildenfels Laubach & de Frederique Charlotte de Stolberg, né 1711. † 1738.*

CHRISTIAN AUGUSTE *né 1714. frappé en memoire de ſon frere ainé
Frederic Magnus né 1711. † 1738.*

ELISABETH AMELIE FREDERIQUE *Epouſe de Chriſtian Auguſte
fille de Wolfgang Erneſt Prince d'Iſenburg Birſtein, née 1714. mariée
1738. † 1748.*

MONNOIE *funebre de Dorothée Wilhelmine de Bœtticher 3ᵉ femme de Chriſtian Auguſte cy deſſus, fille d'Erneſt Zacharie de Bœtticher, née 1725.
mariée 1753. † 1754.*

SPRINZENSTEIN.

FRANCOIS IGNACE *Comte de Sprinzenſtein Archimonetaire de l'une &
de l'autre Autriche.*

JEAN HENRI *Comte de Sprinzenſtein.*

STOLBERG.

LOUIS *fils de Botho & d'Anne heritiere de Königstein & de Rochefort, né 1505. † 1574.*

WOLFGANG GEORGE *fils de Jean Comte de Stolberg, né 1682. † 1631.*

JEAN MARTIN *fils de Christophe Comte de Stolberg, né 1594. † 1669.*

CHRI-

CHRISTOPHE FREDERIC *Comte de Stolberg né 1672. & son frere puiné Juste Christian Comte de Kosla, né 1676. tous deux fils de Christophe Louis, & de Louise Christine de Hesse Darmstadt.*

T E C K L E N B U R G.

MAURICE *fils d'Adolphe Comte de Bentheim & de Tecklenburg & de Marguerite de Nassau, né 1615. † 1674.*

JEAN ADOLPHE *fils ainé de Maurice Comte de Tecklenburg & de Bentheim & de Dorothée d'Anhalt, né 1637. † 1700.*

TRAUT-

TRAUTSON.

PAUL SIXTE *Comte de Trautſon fils de Jean Trautſon de Matray & de Brigitte Madruz* † *1620.*

JEAN FRANCOIS *Comte de Trautſon fils de Paul Sixte I. & de Suſanne Veronique de Meggau* † *1663.*

FRANCOIS EUSEBE *de Trautſon Comte de Falckenſtein fils de Jean François, né 1640.*

JEAN

JEAN LEOPOLD *frere puiné de François Eufebe né 1659. fait Prince d'Emp. 1711. † 1724.*

WALDECK.

CHRISTIAN *Comte de Waldeck né 1585. † 1638. & fon frere puiné Wolrat IV. Comte de Waldeck Wildungen, né 1588. † 1640. tous deux fils de Jofias & de Marie Comteffe de Barby.*

GEORGE FREDERIC *né 1620. fait Prince d'Emp. 1682. † 1692. & fon frere puiné Jean Wolrath, né 1624. † 1657. l'un & l'autre fils de Wolrath IV. Comte de Waldeck Wildungen, & d'Anne de Bade Durlach heritiere de la Seigneurie de Cuylemburg dans le Duché de Gueldres.*

WALDSTEIN.

ALBERT WENCESLAS *Comte de Waldftein Duc de Friedland fils de Guillaume, tué à Egra le 14 Fevrier 1634.*

WINDISCHGRATZ.

LEOPOLD VICTOR Comte de Windischgratz Grand Ecuyer hereditaire
de Styrie.

ZAMOSKY.

JEAN ZAMOSKY fils de Stanislas Palatin de Chelm, grand Chancelier,
General des Armées, & grand Ministre d'Etat, etudia à Paris sous
Adrien Turnebe & Denis Lambin. Il fonda à son retour la Ville &
l'université de Zamosky, † 1605. agé de 63. ans.

DUCS DE CURLANDE.

JAQUES fils de Guillaume Duc de Curlande, & de Sophie fille d'Albert
Ier. Duc de Prusse, né 1610. Duc de Curlande 1639. † 1682.

DUCS

DUCS DE SILESIE.

FREDERIC II. *Duc de Lignitz & de Brieg fils de Frederic I. & de Ludo-
mille fille de George Podiebrad Roy de Boheme, né 1480. † 1547.*

JEAN CHRISTIAN *Duc de Brieg né 1591. † 1639. & son frere puiné
George Rodolphe Duc de Lignitz, né 1595. † 1653. l'un & l'autre fils
de Joachim Frederic & d'Anne Marie d'Anhalt.*

GEORGE RODOLPHE *seul voyez cy dessus Jean Christian.*

GEORGE III. *fils ainé de Jean Chriſtien & de Dorothée Sybille de Bran-*
debourg, né 1611. † 1664.

MONNOIE *funebre d'Eliſabeth Marie Charlotte Palatine a Simeren 2.ᵉ fem-*
me de George III. mariée 1660. † 1664.

CHRISTIAN *frere puiné de George III. cy deſſus, né 1618. Du. de*
Wolau 1639. de Lignitz 1663. de Brieg 1664. † 1672.

MONNOIE *funebre de George Guillaume dernier Duc de Lignitz de Brieg*
& de Wolau de la famille des Piaſtes, fils de Chriſtian mentionné cy de-
vant & de Louiſe d'Anhalt né 1660. † 1675.

SILE-

SILESIE OELS et MUNSTERBERG.

CHARLES II. *Duc d'Oels & de Munsterberg, fils puiné de Henri II. &
de Marguerite de Meckelburg, né 1545. † 1617.*

HENRI WENCESLAS *Duc de Bernstadt, né 1592. † 1639. & Charles
Frederic son frere puiné Duc d'Oels, tous deux fils de Charles II. Duc
de Munsterberg & d'Elisabeth Magdelaine de Lignitz.*

SILESIE TESCHEN.

WENCESLAS II. *penultieme Duc de Teschen fils de Wenceslas Adam &
de Sidonie Catherine de Saxe Lawenburg né 1574. † 1617.*

ELISABETH LUCRECE *derniere Duchesse de Teschen de la famille des
Piastes, fille d'Adam Wenceslas & d'Elisabeth de Curlande, née 1599.
mariée à Gundacre Seigneur de Liechtenstein, † 1653.*

PRIN-

PRINCES DE TRANSYLVANIE.

CHRISTOPHE *frere puiné d'Etienne Bathori Roy de Pologne, & fils d'Etienne Bathori de Somlio Prince de Tranſylvanie en 1576. † 1585.*

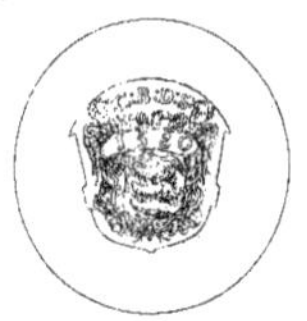 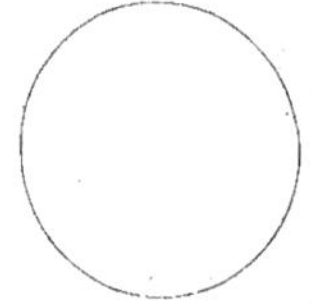

SIGISMOND BATHORI *fils de Chriſtophe, né 1572. Prince 1581. †* 1613.

ETIENNE BOCHKAY *Prince de Tranſylvanie depuis 1604. Jusqu'à l'an* 1607.

GA-

GABRIEL BATHORI *Vaivode en 1608. aſſaſſiné 1613.*

GABRIEL BETHLEN *né 1580. Vaivode en 1613. Prince d'Empire en 1621. † 1629.*

GEORGE RAGOCZY II. *fils de George Ragocky I. Prince de Transyl-vanie en 1648. tué par les Turcs 1660.*

ACHATES BARCSAI *Vaivode depuis 1658. Jusques en 1661.*

JEAN KEMENY *Vaivode l'an 1660. tué dans un combat 1662.*

MICHEL APAFFI I. *fils de George Apaffi, Vaivode en 1661. embrassa le parti de l'Empereur 1688. † 1690.*

PRINCES DE WALACHIE.

CONSTANTIN *Baſſaraba de Brankowan.*

MONNOIES
DE QUELQUES
MAISONS SOUVERAINES LIMITROPHES
OU ENCLAVEES DANS LA FRANCE.

HENRI *de la Tour d'Auvergne, Vicomte de Turenne, Duc de Bouillon, Prince Souverain de Sedan & de Raucourt, fils de François de la Tour III. du nom & d'Eleonore de Montmorency, né l'an 1555. en 1591. il épouſa Charlotte fille & héritiere de Henri Robert de la Mark Duc de Bouillon, Seigneur de Sedan &c. dont il eut le célebre Maréchal de Turenne, né l'an 1611. tué d'un coup de canon l'an 1675. Henri mourut l'an 1623.*

DUCS DE BOURGOGNE.

CHARLES *le Hardi fils de Philippe le Bon & de ſa troiſieme femme Iſabelle, fille de Jean I. Roi de Portugal, né 1433. Duc de Bourgogne 1467. tué à la bataille prés de Nancy 1477.*

MARIE

MARIE *de Bourgogne fille & heritiere de Charles le Hardi, & d'Ifabelle de Bourbon, née 1457. mariée 1477. † 1482.*

PRINCES DE DOMBES.

GASTON JEAN BAPTISTE *Duc d'Orleans fils de Henri IV. Roi de France, né 1608. † 1660. acquit la Principauté de Dombes par fon Mariage avec Marie de Bourbon, fille unique de Henri de Bourbon, Duc de Montpenfier & Prince fouverain de Dombes.*

ANNE MARIE LOUISE *fille de Gafton cy deffus & de Marie de Bourbon, née 1627. † 1693.*

PRINCES DE MONACO.

HONORÉ II. *Prince de Monaco, Duc de Valentinois fils d'Hercule Prince de Monaco, Marquis de Campania Comte de Camfio † 1662.*

LOUIS *fils d' Hercule Grimaldi Marquis de Baux, Prince de Monaco Duc de Valentinois & d' Aurelie Spinola, né 1642. † 1701.*

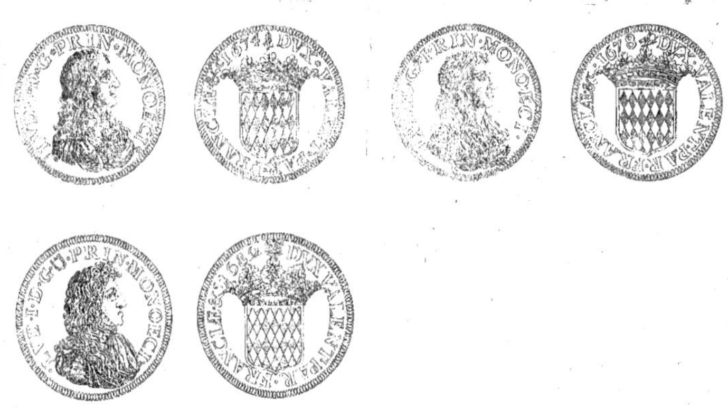

SOUVERAINS MAJEURS D'ITALIE.
EST DUCS DE FERRARE.

HERCULE II. *fils ainé d' Alphonse I. & de Lucrece Borgia, né 1508. †* 1558.

ALPHONSE II. *fils d' Hercule II. & de Renée de France, né 1533. † 1597.*

EST DUCS DE MODENE ET DE REGIO.

CESAR d' *Eſt Duc de Modene & de Regio fils naturel d' Alphonſe d' Eſt Marquis de Montechio & petit fils d' Alphonſe I. Duc de Ferrare & de Modene, né 1562. Duc de Modene 1598. par conceſſion de l' Emp. Rodolphe II. † 1628.*

FRANCOIS I. *fils d' Alphonſe III. dit I. & d' Iſabelle de Savoie né 1610. Duc de Modene 1629. † 1658.*

RAI-

RAINALD I. *fils puiné de François I. Duc de Modene & de Lucrece Barberin, né 1655. Cardinal 1686. succeda à son frere ainé Alphonse II. dit IV. l'an 1694. acheta le Duché de la Mirandole 1710. & obtint ensuite celuy de Novellare,* † *1737.*

FRANCOIS MARIE *fils de Rainald & de Charlotte Felicité fille de Jean Frederic Duc de Hanovre, né 1698.*

FARNESES DUCS DE PARME ET DE PLAISANCE.

OCTAVE FARNESE *fils de Pierre Aloysius Duc de Parme & de Jeronime Ursine de Petigliano, né 1524. succeda à son Pere 1547.* † *1586.*

ALEXANDRE FARNESE *fils d'Octave Farnese & de Marguerite fille naturelle de l'Emp. Charles V. né 1544. Gouverneur des Pais bas 1575.* † *1592.*

RANUCE I. *fils d'Alexandre & de Marie de Guimaraens,* † 1622.

ODOARD I. *fils de Ranuce I, & de Marguerite Aldobrandin, né 1612. obtint du Pape le Duché de Castro en 1641.* † 1646.

RA-

RANUCE II. *fils aîné d'Odoard I. & de Marguerite de Medicis fille de Cosme II. † 1694.*

GONZAGUES DUCS DE MANTOUE.

FRANCOIS II. *Marquis de Mantoue fils de Frederic I. & de Marguerite fille d'Albert III. Duc de Baviere, né l'an 1466. † 1519.*

VINCENT I. *De Gonzague fils de Guillaume & d'Eleonore fille de l'Empereur Ferdinand II. né 1562. institua l'ordre du pretieux sang en 1608. † 1612.*

FRANCOIS IV. *fils ainé de Vincent I. & d'Eleonore de Medicis, né 1586.*
† 1613.

FERDINAND *frere puiné de Francois IV. cy deſſus, né 1587. Cardinal*
1605 ſucceda au Duché de Mantoue aprés la mort de François ſon fre-
re ainé l'an 1612. † 1626.

   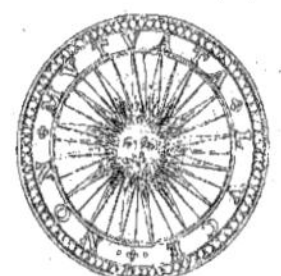

VINCENT II. *freré puiné de Ferdinand cydeſſus né 1594. Cardinal 1615.*
Duc de Mantoue & de Montferrat en 1626. † en 1627.

CHARLES I. *Duc de Nevers & de Rethel fils de Louis de Gonzague & de Henriette de Cleves. Duc de Mantoue apres la mort du Duc Vincent II. l'an 1627. † 1637.*

MARIE

MARIE *fille de François IV. Duc de Mantouè, née 1609. † 1660. & son Epoux Charles II. fils de Charles I. & de Catherine de Mayenne né 1609. † 1631.*

CHARLES III. *fils de Charles II. & de Marie fille & héritiere de François IV. Duc de Mantoue, né 1629. † 1665.*

ISABELLE CLAIRE *d'Autriche Tyrol. comme Regente & Tutrice de Ferdinand Charles dit Charles IV. dernier Duc de Mantoue.*

FERDINAND CHARLES *dit Charles IV. fils de Charles III. & d'Isabelle Claire fille de Leopold Archiduc de Tyrol, né 1692. † 1708.*

GONZAGUE CASTIGLIONE.

FERDINAND II. *Prince de Cafiiglione & de Solferino Vice Roi de Valence, fils de Charles de Gonzague, né 1649. † à Venife 1723.*

GONZAGUE GUASTALLA.

FERDINAND II. *fils de Cefar I. Duc de Guaftalla & de Melphi & de
Camille Borromè † 1632.*

FERDINAND III. *fils ainé de Cefar II. Duc de Guaftalla & d'Ifabelle
des Urfins, † 1678.*

Gggg

JOSEPH

JOSEPH MARIE *fils pûiné de Vincent de Gonzague & de Marie Victoire fille & héritiere de Ferdinand III. Duc de Guastalla, né 1690. † 1746. après sa mort & en vertu du traité d'Aix de 1748. les Etats de Guastalla, de Bozzolo, & de Sabionette ont été cedés à l'Infant Don Philippe.*

GONZAGUE SABIONETE.

JULES CESAR *Comte de Bozzolo 5.ᵉ fils de Charles Gonzague Comte de St. Martin & d'Emilie de Gonzague, † 1705.*

SCIPION *fils de Ferdinand Comte de St. Martin & d'Isabelle de Gonzague Novellare, né 1595. † 1674.*

DUCS DE MILAN.

GALEAZ MARIE SFORCE *fils de François Sforce né 1444. Duc de Milan 1466. affaffiné dans l'Eglife de cette ville au milieu de fes gardes 1476.*

JEAN GALEAZ MARIE SFORCE *fils de Galeaz Marie Duc de Milan & de Bonne fille de Louis Duc de Savoye, né 1469. † 1494.*

DUCS DE SAVOYE.

EMANUEL PHILIBERT *furnommé tête de fer, fils de Charles III. dit le bon & de Beatrix de Portugal, né 1528. acquit Oneille & le Comté de Tende † 1580.*

CHARLES EMANUEL I. *furnommé le Grand, fils d'Emanuel Philibert & de Marguerite fille de François I. Roi de France, né 1562. acquit le Marquifat de Saluffes 1588. † 1630.*

VICTOR AMADÉE I. *fils de Charles Emanuel I. Duc de Savoye, &*
de Catherine fille de Philippe II. Roi d'Espagne, né 1587. † 1637.

VICTOR AMEDÉE II. *fils de Charles Emanuel II. & de Marie Jean-*
ne Baptiste de Nemours né 1666. † 1732. & Marie Jeanne Baptiste
de Nemours Regente de Savoye, née 1644. mariée au Duc Charles Ema-
nuel II. 1665. veuve 1675. † 1724.

GRANDS DUCS DE TOSCANE.

COSME I. *fils de Jean de Medicis & de Marie Salviati, né 1519. Duc de Florence 1537. Grand Duc 1569. † 1574.*

FRANCOIS I. *fils de Cosme I. & d'Eleonore de Tolede, né 1541. † 1587.*

FERDINAND I. *frere puiné du Grand Duc François I. né 1549. Cardinal 1563. succeda à son frere 1587. † 1608.*

COSME II. *fils de Ferdinand I. & de Christine de Lorraine, né 1590.*
Grand Duc 1608. † 1621.

FERDINAND II. *fils de Cosme II. & de Marie Magdelaine d'Autriche*
fille de Charles Archiduc de Styrie, né 1610. † 1670.

COSME. III. *fils de Ferdinand II. & de Victoire de la Roveré fille de Frederic Ubalde Duc d'Urbin, né 1642. succeda 1670. † 1723.*

JEAN GASTON *fils puiné de Cosine III. & de Marguerite Louise d'Or-leans, né 1671, succeda 1723. † 1737.*

FRANCOIS III. *Duc de Lorraine & de Bar sous le nom de François II. Grand Duc de Toscane, fils de Leopold I. Duc de Lorraine & d'Elisabeth Charlotte d'Orleans, né 1708. Duc de Lorraine 1729. Grand Duc de Toscane 1737. Empereur des Romains 1745.*

DOGES DE VENISE.

JEROME PRIOLI *elu l'an 1559. † 1567.*

ALOYSIUS MOCENIGO *elu l'an 1570. † 1577.*

NICOLAS DA PONTE *elu l'an 1577. † 1585.*

BASCHAL CICONIA *elu l'an 1585. † 1595.*

JEAN BEMBO *elu l'an 1615. † 1618.*

AN-

ANTOINE PRIOLI *elu l'an 1618. † 1623.*

JEAN CORNARO *elu l'an 1625. † 1630.*

FRANCOIS ERIZO *elu l'an 1631. † 1646.*

BERTUC FALIER *elu l'an 1656. † 1658.*

DOMINIQUE CONTARINI *elu l'an 1659. † 1675.*

FRAN-

FRANCOIS CONTARINI *elu l'an 1676. † 1684.*

MARC ANTOINE JUSTINIANI *elu l'an 1684. † 1688.*

FRANCOIS MOROSINI *elu l'an 1688. † 1694.*

ALOYSIUS MOCENIGO *elu 1700. † 1709.*

PIERRE GRIMANI *elu 1741. † 1749.*

DUCS D'URBIN.

FRANCOIS MARIE II. *fils de Guidobalde & de fa feconde femme Vi-*
ctoire Farnefe, né l'an 1549. abdiqua l'an 1626. † 1631.

SOUVERAINS MINEURS ET FEUDATAIRES

DE L'EMPIRE ET DU St. SIEGE EN ITALIE.

ARAGONA D'AVALOS.

CESAR *d'Avalos d'Aquino & d'Aragona, Prince d'Ifernia & de Francaville,*
Marquis de Vafto & de Pefcuara, fils de Diegue Marquis de Vafto &
de Françoife Caraffa, † 1729.

CORREGIO.

SYRUS *fils naturel de Camille d' Autriche Comte de Corregio & de la belle Françoiſe Melini, né 1590. Legitimé par le Mariage de ſa Mere avec le Comte Camille. Il acheta le titre de Prince d'Empire 1616. & ayant fait de la fauſſe Monnoye, il en fut puni par ordre de l'Empereur & Mourut de Miſere 1645.*

DEZANA.

DELPHINUS *pater.*

ANTOINE MARIE *fils de Delphino Tizzone II. Comte de Dezana.*

GAZOLDO DANS LE MANTOUAN.

ANNIBAL *de Ippoliti né 1619. † 1696.*

LOVANO ou LOANO.

JEAN ANDRE DORIA *fils d'André Doria II. Prince de Melfi & de Jeanne Colonne, † 1644.*

DUCS DE MASSA.

ALBERIC I. *Cybo premier Prince de Maſſa, Marquis de Carrara, fils de Laurent Cybo Comte de Ferentillo Marquis de Maſſa, & de Richarde Cybo, † 1623. agé de 96. ans.*

PRINCES DE MASSERANO COMTES DE LAVAGNA
DE LA MAISON DES FIESQUES.

FRANCOIS *Prince de Maſſerano.*

CHARLES *Prince de Maſſerano.*

PRINCES DE MILANO.

JAQUES FRANCOIS *Milano Franco d'Aragona, Marquis de St. George & de Paliſtina en Sicile, Prince d'Ardore fils de Dominique Milano & de Louiſe Göeni Ducheſſe d'Angio, né 1699.*

MIRANDOLE.

ALEXANDRE PICUS I. *fils puiné de Louis Picus II. & de Fulvie Comteſſe de Corregio, créé premier Duc de la Mirandole en 1619. † 1637.*

MARQUIS DE SALUSSES.

LOUIS II. *fils de Louis I. Marquis ſouverain de Saluſſes, & d'Iſabelle de Montferrat, † à Genes 1504.*

MAISON DE SPINOLA.

PHILIPPE *de Spinola, Comte de Taraſſoli, fils d'Ambroiſe Spinola Duc de St. Severin & premier Marquis de Los Balbazes, & de Jeanne Baſadonna † 1659.*

          TRIUL.

TRIULCE.

THEODORE *Triulce fils ainé d'Hercule Theodore Prince de Triulce & d'Ursine Sforce, † sans posterité 1678.*

ANTOINE CAJETAN *Prince de Triulce & de Musocco, frere puiné de Theodore Triulce cy dessus † 1707.*

ANTOINE PTOLOMEE *Triulce fils d'Antoine Prince de Triulce, & de Lucrece Marie Borromée fille de René Comte d'Arona, né 1692.*

PRINCES DU VAL DI TARO.

FREDERIC.

COMES

COMTES DE VINTIMIGLIA.

JEAN VI. Comte de Vintimiglia vers Palerme & Marquis de Gicrace dans la Val Demona en Sicile, fils de François V. Prince de Delmontino & de Jeanne Friscata, né à Messine 1686.

REPUBLIQUES, PROVINCES, VILLES LIBRES
IMPERIALES FT ANSEATIQUES

PAR ORDRE ALPHABETIQUE.

AIX LA CHAPELLE.

ALSACE.

Klippe du Saccagement de l'Alsace en 1633.

AUGSBOURG.

BASLE

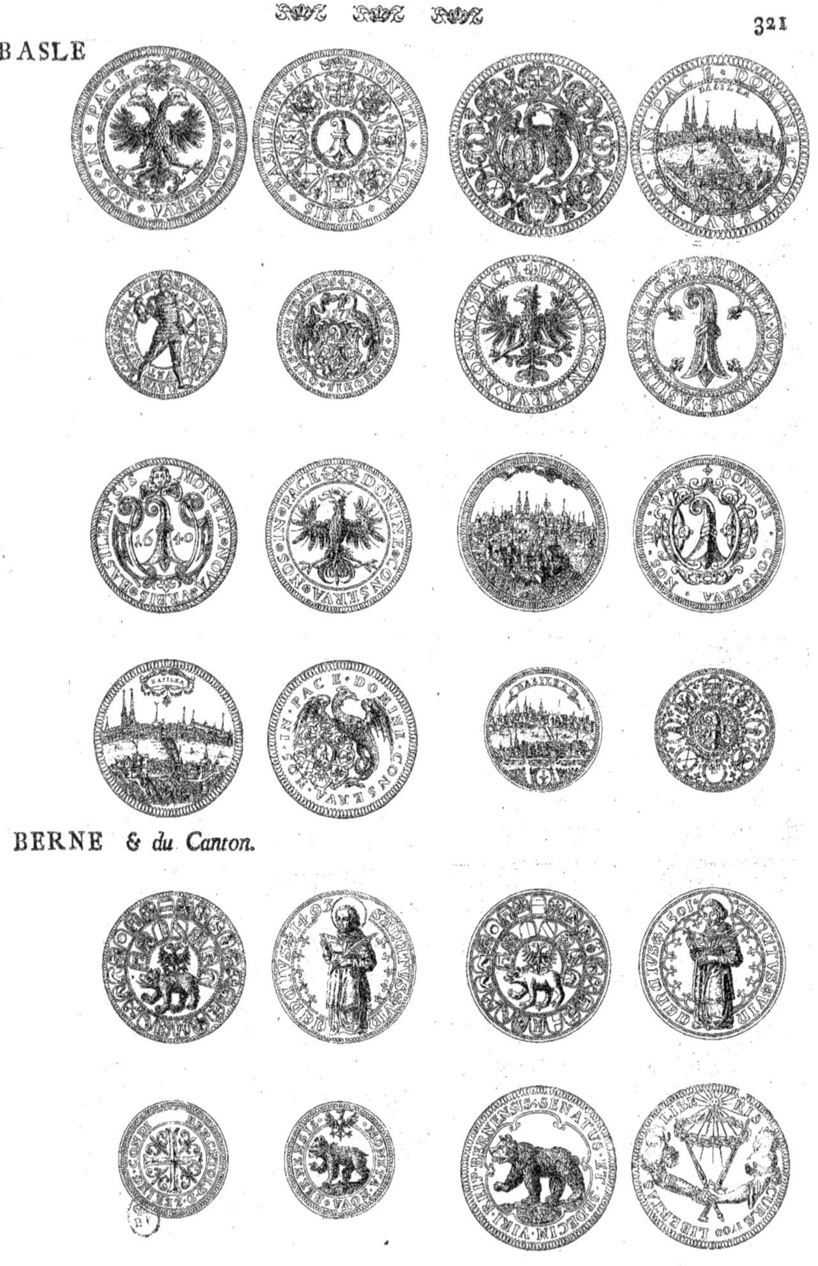

BERNE & du Canton.

BESAN-

BESANCON

BOMMEL *dans le Duché de Gueldres.*

Klippe du siége de BRÉDA

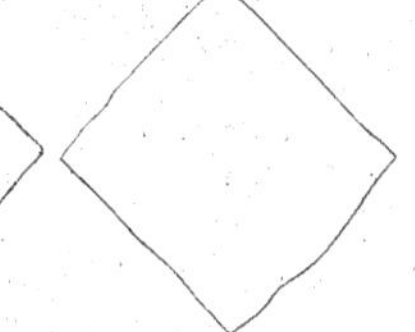

BREME.

B R E S L A U.

B R I S A C.

B R U N S V I C H.

C A M P E N *dans l' Ower iſſel.*

C A R I N T H I E.

C O I R E *dans les Griſons.*

C O L M A R.

COLOGNE.

CONSTANCE.

CRON-

CRONSTADT, *en Transylvanie.*

DANTZICH.

DEVENTER *dans l' Ower Issel.*

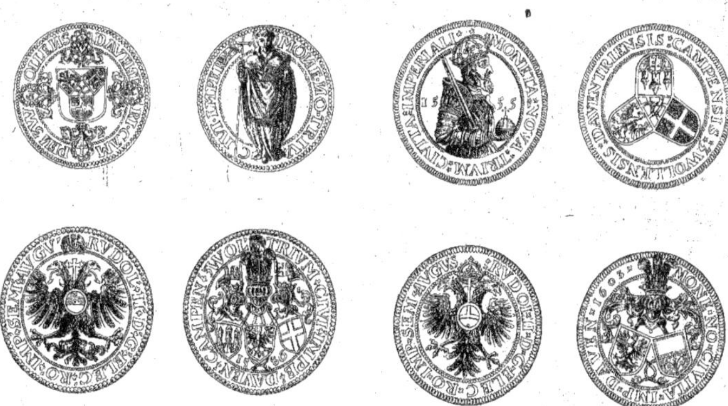

DONAVERT *ou Werda Suevica erigée en ville libre par l'Emp. Albert I.*
1304. Malgré quantité de revolutions elle conserva sa liberté jusqu'à l'an
1634. La maison de Baviere s'en empara & la garda jusqu'en 1705.
L'Emp. Joseph la retablit dans ses privileges; mais par la paix de Ra-
stadt 1714. elle fut rendue aux Ducs de Baviere qui la possedent encore.

DORTMUND.

EIMBECK *dans le Duché de Grubenhagen.*

 EMBDEN

E M B D E N *dans le Comté d'Ostfrise.*

E R F O R T.

E U G U B I O *dans le Duché d'Urbin entre Perouse & Sinigaglia.*

F E R D E N.

F R A N C F O R T *sur le Main.*

FRANCONIE.

FREYBERG.

FRI-

FRIBOURG *en Brisgaw.*

FRISE.

GADEBUSCH.

ST. GALL *en Suisse.*

GENES.

GENEVE.

GLUCK-

GLUCKSTADT *dans le Duché de Holstein.*

GOSLAR.

GRATZ *en Styrie.*

GUELDRES.

HAGUENAU.

HALBERSTADT.

HALLE *en Souabe.*

H A M B O U R G.

H A M E L N.

H E I D E L B E R G.

H E L M S T A D T.

H E N N E B E R G.

Monnoie de la maison de Saxe frappee à l'occasion du partage & de l' Hom-
mage du Comté de Henneberg.

HER-

HERMANSTADT *en Transylvanie.*

HERVORD *en Westphalie.*

HILDESHEIM.

HOLLANDE.

ISNIE *en Souabe.*

KEMPTEN.

KAUFBUREN *en Souabe.*

LEWEN-

LEWENBERG *en Pomeranie.*

LEYDEN.

LUBECK.

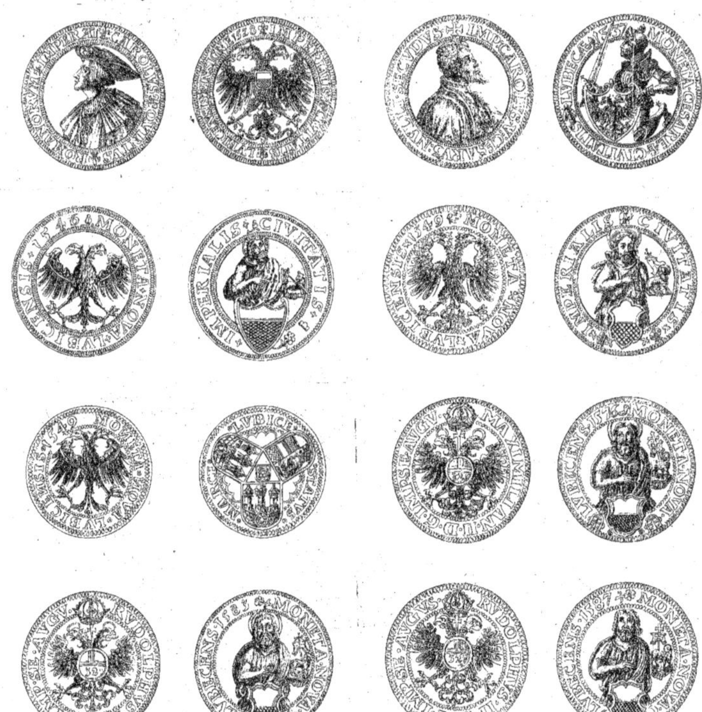

LUCERNE *Ville & Canton.*

LUCQUES *Ville & Repub.*

LUNEBOURG.

MAGDEBOURG.

MANTOUE.

MEMIN-

M E M I N G E N *en Souabe.*

M E T Z.

M O R A V I E.

M U L H A U S E N *en Thuringe.*

MUN-

MUNSTER.

Monnoies de la Ville de Munster frappée sous le Regne de Jean Bochold Tailleur de Leyden, Roi Phantastique des Anabaptistes à Munster, pris & puni de mort l'an 1535.

MURANO.

Monnoies de la Ville de Murano située à un Mille de Venise, celebre par les glaces qui s'y font.

NIMEGUE.

NORTHAUSEN *en Thuringe.*

NUREMBERG.

NUYS ou *Nuſſ*.

Autrefois ville Imperiale dans l'Electorat de Cologne, celebre par le Siege qu'elle ſoutint contre Charles Hardi Duc de Bourgogne l'an 1474.

O W E R - I S S E L.

P A L M A.

Forteresse de Frioul fondée par le Doge Pascal Ciconia 1593.

Q U E D L I M B U R G.

R A G U S E.

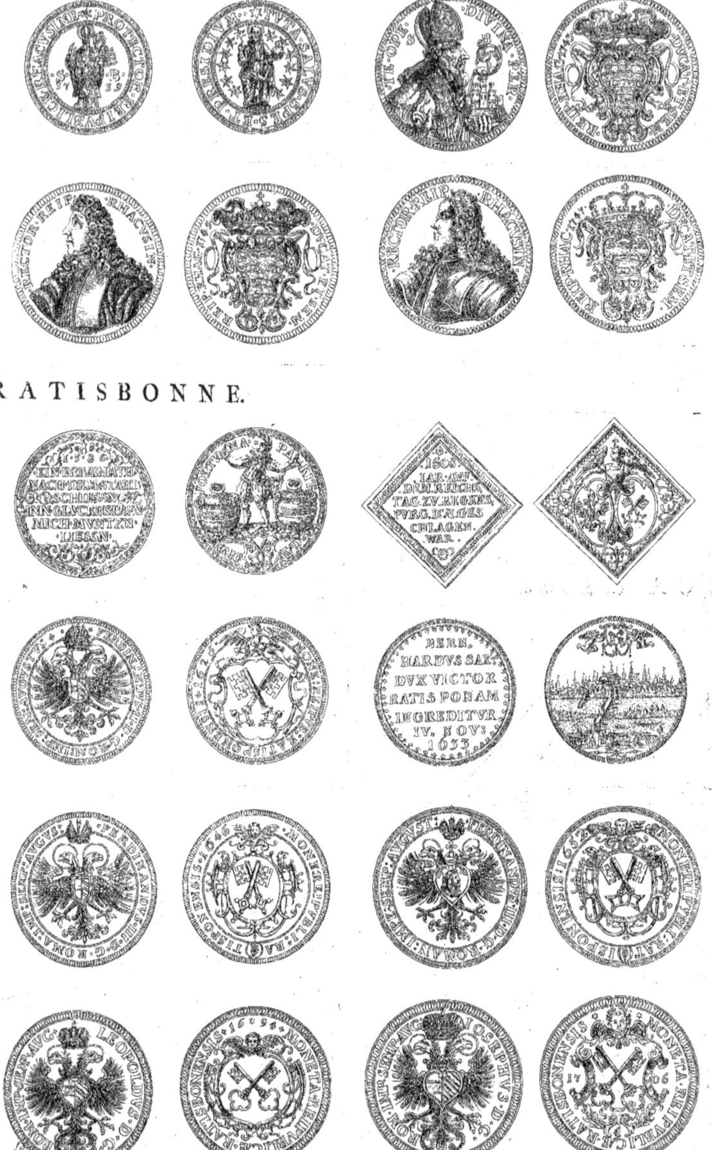

R A T I S B O N N E.

RIGA *en Livonie.*

ROSTOCK.

R O S T O C K.

S C H A F F H O U S E.

S C H W I T Z.

S I L E S I E.

SOLEU-

SOLEURE.

STOCKHOLM.

Monnoie de Stockholm frappée pendant les troubles qui regnerent en Suede apres l'expulſion du Roi Jean II. ſous le celebre Stenon Stur gouverneur du Royaume de Suede tué dans une bataille contre Chriſtian II. Roi de Dannemarck l'an 1520.

STRALSUND.

STRASBOURG.

SUABE.

SUISSES.

TANN.

THOE-

THOEREN.

Monnoie de la fondation Imperiale de Thoeren dans le Comté de Horn.

THORN.

VENISE.

VIENNE.

ULM

U L M.

U T R E C H T.

WESTFRISE.

W I S M A R.

W I T T E M B E R G.

Autrefois Capitale de la Saxe Electorale à 400. pas de l'Elbe avec Université fondée par Fred. I. Elect. de Saxe l'an 1502.

WORMS

W O R M S.

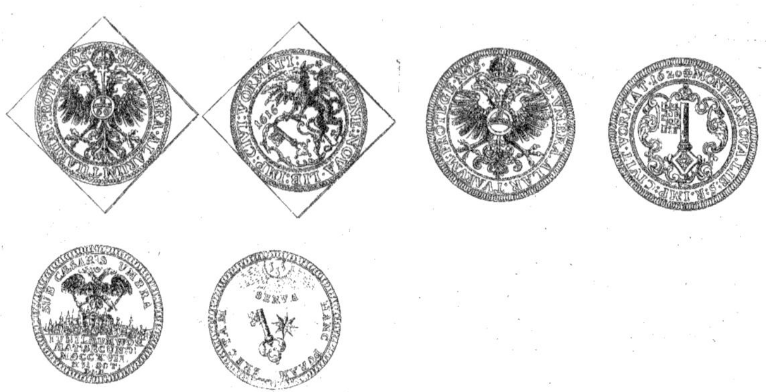

Z E L A N D E.

Z I R I C Z É E.

Klippe de la ville de Ziriczée en Zelande Capitale de l'Isle de Schowen, que les Espagnols prirent en 1675. mais qu'ils perdirent bientot aprés.

V v v v 2

ZUG

ZUG.

ZURICH.

Z W O L.

PIÈCES VAGUES ET DIVERSES.

INVENTAIRE
J 242
CABINET
IMPERIAL
DES
MONNOIES.
EN
ARGENT.